新制造·工厂运作
实战指南丛书

实战图解版

5S运作与改善活动指南

涂高发 主编

化学工业出版社
·北京·

内容简介

本书由点到面、由宏观到微观地阐述了5S运作与改善管理。本书由两篇组成：制造企业5S活动运作篇包括5S推行概述、5S的推进步骤、推进5S的基础工作——标准化、5S推进的常用手法、现场1S（整理）的实施、现场2S（整顿）的实施、现场3S（清扫）的实施、现场4S（清洁）的实施、现场5S（素养）的实施、事务部门的5S活动实施、5S定期内部审核；改善提案活动管理篇包括改善提案活动概述、改善活动的操作步骤、现场改善的工具。

本书内容全面、深入浅出、易于理解，尤其注重实际操作，对所涉5S运作与改善活动的操作要求、步骤、方法、注意事项做了详细的介绍，并提供了大量在实际工作中已被证明行之有效的范本，读者可以将其复制下来，略做修改，为己所用，以节省时间和精力。

图书在版编目（CIP）数据

5S运作与改善活动指南：实战图解版/涂高发主编．—北京：化学工业出版社，2021.9
（新制造·工厂运作实战指南丛书）
ISBN 978-7-122-39299-2

Ⅰ.①5… Ⅱ.①涂… Ⅲ.①工业企业管理-指南 Ⅳ.①F406.9-62

中国版本图书馆CIP数据核字（2021）第109327号

责任编辑：辛　田　　　　　　　　　　文字编辑：冯国庆
责任校对：王素芹　　　　　　　　　　装帧设计：尹琳琳

出版发行：化学工业出版社（北京市东城区青年湖南街13号　邮政编码100011）
印　　装：三河市延风印装有限公司
710mm×1000mm　1/16　印张18¼　字数354千字　2021年8月北京第1版第1次印刷

购书咨询：010-64518888　　　　　　　售后服务：010-64518899
网　　址：http://www.cip.com.cn

凡购买本书，如有缺损质量问题，本社销售中心负责调换。

定　　价：68.00元　　　　　　　　　　　　　　　　版权所有　违者必究

前言

　　制造业为立国之本、强国之基，推动制造业高质量发展，应成为推动数字经济与实体经济融合发展的主攻方向和关键突破口。要将制造业作为发展数字经济的主战场，推动数字技术在制造业生产、研发、设计、制造、管理等领域的深化应用，加快重点制造领域数字化、智能化，推动"中国制造"向"中国智造"和"中国创造"转型。

　　制造业是实体经济的主体，新制造则是强化实体经济主体的催化剂。新制造指的是通过物联网技术采集数据并通过人工智能算法处理数据的智能化制造，通过形成高度灵活、个性化、网络化的生产链条以实现传统制造业的产业升级。

　　相比传统制造业，新制造能够更合理地分配闲置生产资源，提高生产效率，能够更准确地把握用户特性与偏好，以便满足不同客户的需求，扩大盈利规模。传统制造业的多个环节都可以进行智能升级，比如工业机器人可以被应用于制造业生产环节，辅助完成复杂工作；智能仓储、智慧物流可以高效、低成本地完成仓储和运输环节。

　　在新制造下，在数字化车间，生产链条的各个环节进行积极的交互、协作、感染与赋能，提高生产效率；在智能化生产线上，身穿制服的工人与机器人并肩工作，形成了人机协同的共生生态；而通过3D打印这一颠覆性技术，零部件可以按个性化定制的形状打印出来……

　　新制造，能够借助大数据与算法成功实现供给与消费的精准对接，从而实现定制化制造与柔性生产。通过大数据和云计算分析，可以把线上消费端数据和线下生产端数据打通，运用消费端的大数据逆向优化生产端的产品制造，为制造业转型升级提供新路径。

基于此，我们组织编写了"新制造·工厂运作实战指南丛书"，具体包括：《生产计划与作业控制指南（实战图解版）》《生产成本控制实战指南（实战图解版）》《生产设备全员维护指南（实战图解版）》《现场管理实战指南（实战图解版）》《班组管理实战指南（实战图解版）》《5S运作与改善活动指南（实战图解版）》《品质管理与QCC活动指南（实战图解版）》《采购与供应链实战指南（实战图解版）》《仓储管理实战指南（实战图解版）》。

"新制造·工厂运作实战指南丛书"由涂高发主持编写，并由知名顾问老师开鑫、龚和平、赵乐、李世华共同完成。其中，《5S运作与改善活动指南（实战图解版）》一书由涂高发主编。

《5S运作与改善活动指南（实战图解版）》一书由两篇组成：第一篇为制造企业5S活动运作，包括5S推行概述、5S的推进步骤、推进5S的基础工作——标准化、5S推进的常用手法、现场1S（整理）的实施、现场2S（整顿）的实施、现场3S（清扫）的实施、现场4S（清洁）的实施、现场5S（素养）的实施、事务部门的5S活动实施、5S定期内部审核11章内容；第二篇为改善提案活动管理，包括改善提案活动概述、改善活动的操作步骤、现场改善的工具3章内容。

本书的特点是内容全面、深入浅出、易于理解，注重实际操作，对5S运作与改善活动的操作要求、步骤、方法、注意事项做了详细的介绍，并提供了大量在实际工作中已被证明行之有效的范本，读者可以根据范本内容，略做修改，为己所用，以节省时间和精力。

由于编者水平有限，书中难免会有疏漏之处，敬请读者批评指正。

编者

第一篇　制造企业5S活动运作

5S管理是企业各项现场管理的基础活动，它有助于消除企业在生产过程中可能面临的各类不良现象，进而提升经营效率和效益。企业想要成功地推行5S，必须要保证所有人员，即从最高领导层到基层员工都要对5S有正确的认识，并且实际地付诸行动。

第一章　5S推行概述 ························002
　　一、5S的起源 ························003
　　二、5S活动的内容 ························003
　　三、5S的适用范围 ························004
　　四、5个"S"之间的关系 ························004
　　五、实施5S的好处 ························005
　　六、5S推行成功的关键 ························006

第二章　5S的推进步骤 ························010
　　一、5S自我评估和诊断标准 ························011
　　二、建立5S推行组织 ························017
　　　　他山之石　××公司5S推行委员会架构图 ························017
　　三、制订5S推行计划 ························017
　　　　他山之石（1）　××公司5S管理体系持续推行计划表 ························018
　　　　他山之石（2）　××公司5S推行进度计划（甘特图） ························019

四、实施 5S 教育培训 ··· 020
　　　　他山之石　××公司5S培训计划 ························· 020
　　五、活动前宣传造势 ··· 022
　　六、建立 5S 活动样板区 ··· 024
　　七、全面推进 5S 活动 ·· 026

第三章　推进 5S 的基础工作——标准化 ··························· 027
　　一、制定 5S 活动标准 ·· 028
　　　　他山之石（1）　××公司生产区域5S活动标准 ········· 028
　　　　他山之石（2）　××公司办公区域5S活动标准 ········· 030
　　　　他山之石（3）　××公司仓库5S活动标准 ··············· 032
　　　　他山之石（4）　××公司5S活动执行标准 ··············· 033
　　二、制作每人每天的 5S 活动表 ································· 044
　　三、制定 5S 审核评分标准 ······································ 045
　　　　他山之石（1）　××公司办公区5S评分标准 ············ 046
　　　　他山之石（2）　××公司作业区5S评分标准 ············ 049
　　四、不符合 5S 项目的基本分类准则 ··························· 054
　　　　他山之石　××公司5S常见问题整改备忘表 ············· 055
　　五、制定内部审核评分表 ·· 057
　　　　他山之石（1）　××公司车间5S内审评分表 ············ 057
　　　　他山之石（2）　××公司仓库5S内审评分表 ············ 058
　　　　他山之石（3）　××公司办公室5S内审评分表 ········· 059
　　六、定期调查以调整方向 ·· 060
　　　　他山之石（1）　××公司5S推行调查问卷 ··············· 061
　　　　他山之石（2）　××公司5S现场访谈调查报告 ········· 062

第四章　5S 推进的常用手法 ··· 065
　　一、寻宝活动 ·· 066
　　二、定点摄影法 ··· 068
　　三、红牌作战 ·· 069

四、定置管理……………………………………………………………071

　　五、油漆作战……………………………………………………………076

　　六、标志大行动…………………………………………………………081

　　　　他山之石　某企业5S活动标识牌样板……………………………086

　　七、目视管理……………………………………………………………090

　　八、看板行动……………………………………………………………096

　　　　他山之石　看板设计示例…………………………………………099

第五章　现场1S（整理）的实施……………………………………………102

　　一、整理的作用…………………………………………………………103

　　二、整理的实施要领……………………………………………………103

　　三、整理的步骤…………………………………………………………104

　　四、整理的具体实例……………………………………………………105

　　五、不要物的处理程序…………………………………………………106

第六章　现场2S（整顿）的实施……………………………………………109

　　一、整顿的作用…………………………………………………………110

　　二、整顿的实施要领……………………………………………………110

　　三、整顿的原则…………………………………………………………111

　　四、实施整顿的步骤……………………………………………………113

　　五、作业现场整顿的具体执行标准……………………………………115

第七章　现场3S（清扫）的实施……………………………………………123

　　一、清扫推行的要领……………………………………………………124

　　二、清扫的管理关键……………………………………………………124

　　　　他山之石（1）　××公司设备清扫点检基准表…………………126

　　　　他山之石（2）　××设备清扫部位及要点………………………126

　　三、清扫的实施…………………………………………………………128

　　四、清扫后的检查………………………………………………………129

　　　　他山之石　××公司生产部5S区域清扫要点与要求……………130

五、从根本上解决问题——消除污染源 ·············· 133
　　　　他山之石　污染源对策及费用评估 ·············· 135

第八章　现场 4S（清洁）的实施 ·············· 136
　　一、清洁的意义 ·············· 137
　　二、定期检查前 3S 的情况 ·············· 137
　　三、坚持实施 5 分钟 3S 活动 ·············· 150
　　四、目视化管理 ·············· 150

第九章　现场 5S（素养）的实施 ·············· 152
　　一、素养活动的作用 ·············· 153
　　二、素养活动的实施要领 ·············· 153
　　三、素养的基本要求 ·············· 154
　　四、素养活动的推行 ·············· 157
　　　　他山之石（1）　××公司早会制度 ·············· 159
　　　　他山之石（2）　××公司关于开展5S征文大赛的通知 ·············· 161

第十章　事务部门的 5S 活动实施 ·············· 162
　　一、事务部门为什么要推行 5S 活动 ·············· 163
　　二、文件的 5S 活动 ·············· 164
　　三、空间的 5S 活动 ·············· 168
　　四、办公用品的 5S 活动 ·············· 172

第十一章　5S 定期内部审核 ·············· 176
　　一、5S 内部审核的含义 ·············· 177
　　二、内部审核的前期准备 ·············· 178
　　　　他山之石　××公司____年第____季度5S评比审核计划 ·············· 180
　　三、5S 审核的实施 ·············· 181
　　四、纠正措施的跟踪 ·············· 184
　　　　他山之石（1）　××公司____年第____季度5S评比现场审核记录与
　　　　　　　　　　　不符合项整改反馈表 ·············· 186

  他山之石（2） ××公司纠正及预防措施通知（实例）……………190

  他山之石（3） ××公司5S跟踪检查报告………………………………192

 五、5S评审报告………………………………………………………………………192

  他山之石 5S评审报告……………………………………………………193

第二篇 改善提案活动管理

  改善提案是指公司各岗位员工的改善、改进，革新的工作及想法。活动的目的是充分发挥广大员工的积极性，自发参与改善，不断提高素质，提升公司的生产和管理水平。推进提案改善活动最为核心的目标是要培养员工并为他们提供一个展现自我的平台，让每一名员工都能成为问题的发现者和解决者，以此在企业内部形成一种持续改善的理念、一种尽善尽美的文化。

第十二章 改善提案活动概述……………………………………………196

 一、改善提案活动的作用……………………………………………………………197

 二、改善是全员参与的事……………………………………………………………197

 三、改善的目的——解决问题………………………………………………………197

 四、改善提案活动的开展措施………………………………………………………200

第十三章 改善活动的操作步骤……………………………………………201

 一、找出问题点………………………………………………………………………202

 二、建立改善目标……………………………………………………………………210

 三、制订实施计划……………………………………………………………………211

 四、详细调查现状……………………………………………………………………211

 五、考虑改善方案……………………………………………………………………211

 六、改善方案的实施…………………………………………………………………213

 七、确定改善的成果…………………………………………………………………214

 八、改善结束——成果标准化………………………………………………………214

第十四章 现场改善的工具……………………………………………………216

 一、5W1H法…………………………………………………………………………217

二、动作分析法 ………………………………………… 219
三、工程分析法 ………………………………………… 229
四、时间分析法 ………………………………………… 239
五、工作抽样法 ………………………………………… 247
六、人－机配合分析法 ………………………………… 262
七、生产线平衡 ………………………………………… 267
八、双手操作法 ………………………………………… 273
九、防呆法 ……………………………………………… 277

第一篇

制造企业5S活动运作

5S管理是企业各项现场管理的基础活动，它有助于消除企业在生产过程中可能面临的各类不良现象，进而提升经营效率和效益。企业想要成功地推行5S，必须要保证所有人员，即从最高领导层到基层员工都要对5S有正确的认识，并且实际地付诸行动。

本篇主要由以下章节组成。

➡ 5S推行概述

➡ 5S的推进步骤

➡ 推进5S的基础工作——标准化

➡ 5S推进的常用手法

➡ 现场1S（整理）的实施

➡ 现场2S（整顿）的实施

➡ 现场3S（清扫）的实施

➡ 现场4S（清洁）的实施

➡ 现场5S（素养）的实施

➡ 事务部门的5S活动实施

➡ 5S定期内部审核

第一章 5S推行概述

导 读

　　5S管理是企业各项现场管理的基础活动，它有助于消除企业在生产过程中可能面临的各类不良现象，进而提升经营效率和效益。企业想要成功地推行5S，必须要保证所有人员，即从最高领导层到基层员工都要对5S有正确的认识。

学习目标

1. 了解5S的起源、5S活动的内容、5S的适用范围、5个"S"之间的关系。
2. 掌握实施5S的好处及5S推行成功的关键。

学习指引

序号	学习内容	时间安排	期望目标	未达目标的改善
1	5S的起源			
2	5S活动的内容			
3	5S的适用范围			
4	5个"S"之间的关系			
5	实施5S的好处			
6	5S推行成功的关键			

一、5S 的起源

5S 是整理（Seiri）、整顿（Seiton）、清扫（Seiso）、清洁（Seiketsu）、素养（Shitsuke）这五个词的缩写。这五个日文单词的第一个字母都是"S"，所以简称为5S，具体内容如表1-1所示。

表1-1 5S的定义

中文	日文	一般解释	精简要义
整理	Seiri	清除	分开处理、进行组合
整顿	Seiton	整理	定量定位、进行处理
清扫	Seiso	清理	清理扫除、干净卫生
清洁	Seiketsu	标准化	擦洗擦拭、标准规范
素养	Shitsuke	修养	提升素质、自强自律

5S活动最早在日本开始实施，日本企业将5S活动作为管理工作的基础，在此基础上推行各种品质管理手法。第二次世界大战后，日本产品的品质得以迅速提升，奠定了其经济强国的地位，而在丰田公司的倡导推行下，5S对于塑造企业形象、降低成本、准时交货、安全生产、作业标准化、工作场所改善、现场改善等方面发挥了巨大的作用，逐渐被各国的管理界所认同。

二、5S活动的内容

（一）整理

整理就是把要与不要的人、事、物分开，再将不需要的人、事、物加以处理，这是开始改善生产现场的第一步。其要点如下所示。

① 对生产现场的现物摆放和停滞的各种物品进行分类，区分什么物品是现场需要的、什么物品是现场不需要的。

② 对于现场不需要的物品，如用剩的材料、多余的半成品、切下的料头、切屑、垃圾、废品、多余的工具、报废的设备、员工的个人生活用品等，要坚决清理出生产现场。这项工作的重点在于坚决把现场不需要的物品清理掉。

③ 对车间里各个工位、设备的前后、通道左右、厂房上下、工具箱内外以及车间的各个死角，都要彻底地搜寻和清理，以达到"现场无不用之物"的目的。坚决做好这一步是树立良好工作作风的开始。

（二）整顿

通过前一步的整理后，接下来要进行整顿，也就是要对生产现场需要留下的物品进行科学合理的布置和摆放，以便用最快的速度取得所需物品，在最有效的规章、制度和最简捷的流程下完成作业。

（三）清扫

生产现场在生产过程中会产生灰尘、油污、铁屑、垃圾等，从而使现场变脏。不整洁的现场会使设备精度降低、故障多发，影响产品质量，使安全事故防不胜防；不整洁的现场更会影响员工的工作情绪，使人不愿久留。因此，必须通过清扫活动来清除那些脏物，创建一个干净、舒畅的工作环境。

（四）清洁

整理、整顿、清扫之后要认真维护，使现场保持最佳状态。清洁是对前三项活动的坚持与深入，从而消除发生安全事故的隐患，创造一个良好的工作环境，使员工能够愉快地工作。

（五）素养

要努力提高员工的素质、修养，使之养成严格遵守规章制度的习惯和作风，这是5S活动的核心。员工素质没有提高，各项活动就不能顺利开展，即使开展了也坚持不了。所以，企业开展5S活动，要始终着眼于提高员工的素质。

三、5S的适用范围

5S活动适用于各企事业单位的办公室、车间、仓库、宿舍和公共场所以及纸质文档、电子文档、网络等的管理。

5S活动的主要对象可以为：人员、机器、材料、方法、环境；公共事务、供水、供电、道路交通；社会道德、人员思想意识。

四、5个"S"之间的关系

5个"S"彼此之间相互关联，其中，"整理""整顿""清扫"是进行日常5S活动的具体内容；"清洁"则是对"整理""整顿""清扫"工作的规范化和制度化管理；"素养"要求员工培养自律精神，形成坚持推行5S活动的良好习惯。5个"S"之间的关系如图1-1所示。

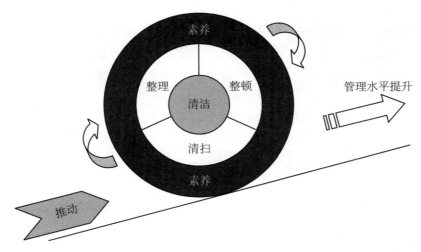

图1-1 5个"S"之间的关系

五、实施5S的好处

企业推行5S活动,可以得到很多意想不到的好处,具体如图1-2所示。

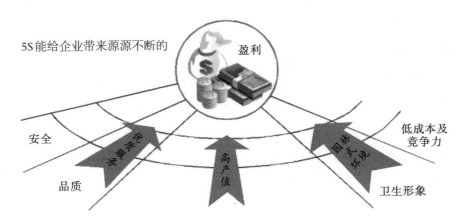

图1-2 实施5S的好处

企业实施5S的好处具体体现在如表1-2所示的几个方面。

表1-2 企业实施5S的好处

序号	益处	具体说明
1	提升公司形象	(1)容易吸引客户,使客户对公司产生信心 (2)能吸引更多的优秀人才加入公司

续表

序号	益处	具体说明
2	营造团队精神	（1）共同的目标能拉近员工间的距离，建立团队感情 （2）可以帮助员工产生上进的思想 （3）看到良好的效果，员工对自己的工作有一定的成就感 （4）使员工养成良好的习惯，形成独特的企业文化
3	减少浪费	（1）经常地、习惯性地整理、整顿，不需要设专职整理人员，减少人力 （2）对物品进行规划分区，减少场所浪费 （3）对物品分类摆放、标识清楚，节省寻找时间 （4）减少人力、减少占用场所、节约时间就是降低成本
4	保障品质	员工养成了认真工作的习惯，做任何事情都一丝不苟、不马虎，产品的品质自然有保障
5	改善情绪	（1）清洁、整齐、优美的环境能给员工带来美好的心情，使员工工作起来更认真 （2）上级、同级、下级之间谈吐有礼、举止文明、互相尊重，营造一种"大家庭"的工作氛围
6	提高效率	（1）工作环境优美、工作氛围融洽，工作自然得心应手 （2）物品摆放整齐，不用花时间寻找，工作效率自然提高

六、5S推行成功的关键

（一）管理者强有力的支持

管理者强有力的支持对5S的推行非常重要，这种支持绝不能只停留在口头上，而是要尽量做到以下几点。

① 出席推行委员会会议，与推行人员一起参加5S活动的评比。

② 在公司的调度会议、工作会议上不断地强调5S管理的重要性，对好的部门给予奖励，对差的部门进行批评与督促。

③ 调动内部各种力量作为5S活动的推行服务，如内部刊物、宣传栏等。

这样一来，各种阻力将大幅减少，对5S活动的推行非常有益。

（二）管理者要经常巡查现场

在一个企业或一个部门中，当导入一项新的活动或制度时，高层管理者关注的程度是这项活动能否坚持下来的决定性因素，5S也不例外。高层管理者必须在言行上持续地关注5S活动。具体来说，表达关注的重要方法之一就是经常进行现场巡查。在进行现场巡查时，管理者要注意以下几点。

1.把握大局

通常有组织的巡查活动是根据5S检查清单上的要求事项进行的。一般来说，管理者在进行现场巡查的时候，不要受检查表的局限，可以不拘泥于形式，从企业的大局出发提出5S要求，督促现场部门进行改善。若太过局限于检查表的检查项目，反而有可能失去对5S活动大局的有效把握。

2.及时对5S活动提供支持和指导

管理者在巡查时，不能只停留在指出问题的层面上，而应该针对有关安全、公害、废弃物以及废旧设备处理等问题提供必要的指导和帮助；在具体执行5S整改的过程中，管理者更应该提供必要的资源支持（人力、财力、物力）。

3.注意与员工的现场沟通

为了培养员工的5S意识，管理者在巡查过程中应适时地与员工进行沟通。例如，在现场巡查时，管理者可以与相关员工进行短时间的谈话，时常向5S推行成员打招呼，表扬那些在5S活动中做出成绩的小组和人员，关注其改善成果，以不同形式表示对他们的支持。这样做不仅能够激发员工开展下一步活动的激情和动力，还能够促进其他后进员工和后进部门的仿效及跟进。

（三）全员参与

开展5S活动重要的不是理论而是实践，实践越多，效果越好，参加5S实践的人员越多，就越容易达到5S的目的。因此，5S活动最有效的开展方法就是促进全员参与。同时，5S活动的开展还能为企业的改善革新打下良好的现场管理基础，提高员工参与改善革新活动的自主性和积极性。

1.促进全员参与

在没有很好地开展5S活动的企业中，很多人可能会片面地认为5S活动只是5S委员会或者管理人员的事情。因此，企业要做到全员参与5S活动，就必须做好以下两个方面的工作。

（1）明确每个人的5S职责

表1-3所示为各级人员的5S职责。

表1-3 各级人员的5S职责

序号	岗位	5S责任
1	董事长 总经理	（1）确认5S活动是企业管理的基础 （2）参加与5S活动有关的教育训练与观摩 （3）以身作则，展示企业推动5S的决心 （4）担任企业5S推动组织的领导者 （5）担任5S活动各项会议的主席 （6）仲裁有关5S活动检讨问题点 （7）掌握5S活动的各项进度与实施成效 （8）定期实施5S活动的上级诊断或评价工作 （9）亲自主持各项奖惩活动，并向全体员工发表讲话
2	管理人员	（1）配合企业相关政策，全力支持与推行5S （2）参加外界有关5S的教育训练，吸收5S技巧 （3）研读5S活动的相关书籍，广泛收集资料 （4）开展部门内5S指导并参与企业5S宣传活动 （5）规划部门内工作区域整理、定位工作 （6）根据5S进度表，全面做好整理、定位、画线标示 （7）协助下属克服5S障碍与困难点 （8）熟读企业"5S活动竞赛实施方法"并向下属解释 （9）参与5S评分工作 （10）5S评分缺点改善和指导 （11）督促下属进行定期的清扫点检 （12）上班后进行点名与服装仪容检查，上班过程中进行安全巡查
3	基层员工	（1）对自己的工作环境须不断地整理、整顿，物品、材料和资料不可乱放 （2）不用的物品要立即处理，不可占用作业空间 （3）通道必须经常维持清洁和畅通 （4）物品、工具和文件等要放置于规定场所 （5）灭火器、配电盘、开关箱、电动机、冷气机等周围要时刻保持清洁 （6）物品、设备要仔细、正确、安全地摆放，将较大、较重的物品堆在下层 （7）保管的工具、设备及所负责的责任区要整理 （8）将纸屑、布屑、材料屑等集中于规定场所 （9）不断清扫，保持清洁 （10）注意上级的指示并加以配合

（2）全员参与，实施改善

5S活动的重点是现场的整理阶段，企业应要求全体员工一起整理和清除废物，创造舒适的工作环境。在整顿阶段，应当使区域布局、物品定位趋于合理，方便物品的取用和归还，节省寻找的时间并消除寻找过程中的焦虑情绪。在清扫阶段，全体员工要进行彻底的清扫，力求现场整洁明亮，创造无垃圾、无污染、清洁的工作环境。

在这个过程中，5S活动的参与者不仅能够创造舒适、漂亮的现场环境，他们的意识也会发生改变，并能体会到现场改变后的成就感。

2.激活全体员工的参与热情

要促进全体员工参与5S活动，管理者就需要开展各种各样、丰富多彩的活动，来激发员工的参与热情。

（1）运用各种宣传工具

例如，发行5S活动刊物或在现有刊物上开辟5S专栏；制作5S宣传板报；张贴或悬挂5S标语、口号等。

（2）开展多种形式的活动

例如，召开5S活动动员会和报告会；开展5S宣传画、标语、口号等的征集和表彰活动；开展5S竞赛和检查评比活动；管理者应深入到班组的班前会、班后会，宣传5S的相关内容，以强化效果。

第二章
5S的推进步骤

导读

企业把握了5S活动的基础知识，并不是就具备了推行5S活动的能力，因推行步骤、方法不当导致事倍功半，甚至中途夭折的事例并不鲜见。因此，企业应掌握正确的推进步骤，以便有步骤、有计划地开展推进5S活动。

学习目标

1. 了解推进步骤中各个环节：5S自我评估和诊断、建立推行组织、制订5S推行计划、实施5S教育培训、活动前宣传造势、建立5S活动样板区、全面推进5S活动等的要求、步骤。

2. 掌握5S自我评估和诊断、建立推行组织、制订5S推行计划、实施5S教育培训、活动前宣传造势、建立5S活动样板区、全面推进5S活动等的操作要领、细节及输出的文件内容。

学习指引

序号	学习内容	时间安排	期望目标	未达目标的改善
1	5S自我评估和诊断			
2	建立推行组织			
3	制订5S推行计划			
4	实施5S教育培训			
5	活动前宣传造势			
6	建立5S活动样板区			
7	全面推进5S活动			

一、5S自我评估和诊断标准

5S自我评估是指针对现场的常见问题，企业自行组织现状调查分析，判断问题和隐患所在，确定5S活动的重点和阶段性主题。

（一）自我评估与诊断标准

5S自我评估与诊断标准如表2-1所示。

表2-1　5S自我评估与诊断标准

序号	评估项目	评估与诊断标准
1	公共设施环境卫生	（1）浴室、卫生间、锅炉房、垃圾箱等公共设施完好 （2）环境卫生有专人负责，随时清理，无卫生死角 （3）厂区绿化统一规划，花草树木布局合理、养护良好
2	厂区道路车辆	（1）道路平整、干净、整洁，交通标志和画线标准、规范、醒目 （2）机动车、非机动车位置固定、标志清楚
3	宣传标志	（1）张贴、悬挂表现企业文化的宣传标语 （2）宣传形式多样化、内容丰富
4	办公室物品和文件资料	（1）办公室物品摆放整齐、有序，各类导线集束，实施色标管理 （2）办公设备完好、整洁 （3）文件资料分类定置存放，标志清楚，便于检索 （4）桌面及抽屉内物品保持正常办公的最低限量
5	办公区通道、门窗、墙壁、地面	（1）门厅和通道平整、干净 （2）门窗、墙壁、天花板、照明设备完好且整洁 （3）室内明亮、空气新鲜、温度适宜
6	作业现场通道和室内区域线	（1）通道平整、通畅、干净、无占用 （2）地面画线清楚、功能分区明确，标志可移动物摆放位置、颜色、规格统一
7	作业区地面、门窗、墙壁	（1）地面平整、干净 （2）作业现场空气清新、明亮 （3）标语、图片、图板的悬挂和张贴符合要求 （4）各种不同使用功能的管线布置合理、标志规范

续表

序号	评估项目	评估与诊断标准
8	作业现场设备、工装、工具、工位器具和物料	(1) 定置管理，设备（含检测、试验设备）、仪器、工装、工具、工位器具和物料分类合理、摆放有序 (2) 作业现场不存放无用或长久不用的物品 (3) 消除跑、冒、滴、漏，设备无灰尘，杜绝污染
9	作业现场产品	(1) 防止零部件磕碰、划伤的措施良好、有效 (2) 产品状态标志清楚、明确，严格区分合格品与不合格品 (3) 产品放置区域合理、标志清楚
10	作业现场文件	(1) 文件是适用、有效的版本 (2) 各种记录完整、清楚 (3) 文件摆放位置适当、保持良好
11	库房	(1) 定置管理，摆放整齐 (2) 位置图悬挂标准、通道畅通 (3) 账、卡、物相符，标志清楚 (4) 安全防护措施到位
12	安全生产	(1) 建立安全管理组织网络，配备专职管理人员 (2) 建立安全生产责任制，层层落实 (3) 制定安全生产作业规程，人人自觉遵守 (4) 有计划地开展安全生产教育与培训
13	行为规范与仪容	(1) 员工自觉执行公司的相关规定，严格遵守作业纪律 (2) 工作坚持高标准，追求"零缺陷" (3) 制定并遵守礼仪守则 (4) 衣着整洁 (5) 工作时间按规定统一穿工作服、戴工作帽 (6) 工厂区内上班时间，员工能自觉做到不吸烟

（二）诊断检查表

企业进行5S评估与诊断时，可参照表2-2和表2-3所示的诊断检查项目及评分标准。

表2-2　生产现场5S诊断检查

序号	项目	检查项目	配分/分	得分	改善计划
1	整理	（1）有无定期实施去除不要物	2		
		（2）有无不急、不用的治工具、设备	2		
		（3）有无剩料等不用物	2		
		（4）有无不必要隔间，能使现场视野良好	2		
		（5）有无将作业场所明确区域划分、编号化	2		
		小计	10		
2	整顿	（1）是否明确规定储藏要求以及储藏地点	3		
		（2）是否明确规定物品放置、料架	3		
		（3）工具是否易于取用、集中	3		
		（4）是否有使用颜色管理规定	3		
		（5）工具、材料等是否按规定储放	3		
		（6）是否规定呆制品储放场所与管理	3		
		（7）宣传白板、公布栏内容应适时更换，应标明责任部门及责任人姓名	3		
		（8）各种柜、架的放置处是否有明确标志	3		
		小计	24		
3	清扫	（1）作业场所是否杂乱	2		
		（2）作业台及现场办公台上是否杂乱	2		
		（3）产品、设备、地面是否脏污、有灰尘	2		
		（4）区域划分线是否明确	2		
		（5）作业结束、下班时是否清扫	2		
		（6）墙角、底板、设备下是否列为重点清扫区域	2		
		小计	12		
4	清洁	（1）前3S是否规定化	2		
		（2）机械设备类是否定期点检	2		
		（3）是否穿着规定的服装或劳保用品	2		

续表

序号	项目	检查项目	配分/分	得分	改善计划
4	清洁	（4）是否放置私人物品	2		
		（5）有无规定吸烟场所并遵守	2		
		小计	10		
5	素养	（1）是否保持基本的卫生和基本礼仪	3		
		（2）使用保护器具及使用要求	3		
		（3）是否遵守作业标准书	3		
		（4）是否制定应对异常情况的方案	3		
		（5）是否积极参加晨操、班前会	3		
		（6）是否遵守有关开始、停止的规定	3		
		（7）员工是否按规定穿工作鞋、工作服并佩戴工作证	3		
		（8）是否每天保持下班前5分钟进行5S	3		
		小计	24		
6	安全	（1）对危险品是否有明显的标志	2		
		（2）各安全出口的前面是否有物品堆积	2		
		（3）灭火器是否放置在指定位置并处于可使用状态	2		
		（4）消火栓的前面或下面是否有物品放置	2		
		（5）空调、电梯等大型设施设备的开关及使用是否指定专人负责或制定相关方案	2		
		（6）电源、线路、开关、插座是否有异常现象出现	2		
		（7）是否存在违章操作	2		
		（8）对易倾倒物品是否采取防倒措施	2		
		（9）是否有健全的安全机构及规章制度	2		
		（10）是否定期进行应急预案的演习	2		
		小计	20		
		合计	100		

评语： 检查人：

表2-3 办公室5S诊断检查

序号	项目	检查项目	配分/分	得分	改善计划
1	整理	（1）是否有定期去除不要物的红牌	3		
		（2）有无归档的规定	3		
		（3）桌、橱柜等抽屉内物品是否为必要的最低限	3		
		（4）是否有不必要的隔间，使现场视野良好	2		
		（5）是否将桌、橱柜、通道等明确区域划分	2		
		小计	13		
2	整顿	（1）是否按照归档的要求进行文件类归档	2		
		（2）文件等各类物品是否实施定置化和标志化（颜色、斜线、标签）	2		
		（3）是否规定用品的放置位置并进行补充管理，如最高或最低存量管制	2		
		（4）必要的文件等物品是否易于取用，放置方法是否正确（立即取出和放回）	2		
		（5）是否规定橱柜、书架的管理责任者	2		
		小计	10		
3	清扫	（1）地面、桌上是否杂乱	3		
		（2）垃圾箱是否堆积太满	3		
		（3）配线是否杂乱	3		
		（4）给水间是否有标明管理责任人的标示	3		
		（5）给水间是否干净明亮	3		
		（6）是否有清扫分工制度，窗、墙板、天花板、办公桌、通道或办公场所地面或作业台是否干净明亮，办公设施是否干净无灰尘	3		
		小计	18		
4	清洁	（1）办公自动化（OA）设备是否按规定定期清洁	3		
		（2）抽屉里是否杂乱	3		
		（3）私人物品是否放于指定位置	3		
		（4）下班时桌上是否整洁	3		
		（5）是否穿着规定服装	3		

续表

序号	项目	检查项目	配分/分	得分	改善计划
4	清洁	（6）排气和换气的情况如何，空气中是否有灰尘或污染味道	3		
		（7）光线是否足够，亮度是否合适	3		
		小计	21		
5	素养	（1）是否使用周业务进度管理	2		
		（2）本部门重点目标、目标管理等是否进行目视化	2		
		（3）公告栏中的公告文件是否过期	2		
		（4）接到当事者不在的电话是否做备忘记录	2		
		（5）是否有合适的方式告知出差地点与回来时间等	2		
		（6）是否有文件传阅规定	2		
		（7）是否积极参加晨操	2		
		（8）是否在下班时执行5分钟5S活动	2		
		（9）工作人员是否仪容端正、精神饱满、工作认真	2		
		小计	18		
6	安全	（1）危险品是否有明显的标志	2		
		（2）各安全出口的前面是否有物品堆积	2		
		（3）灭火器是否放置在指定位置并处于可使用状态	2		
		（4）消火栓的前面或下面是否有物品放置	2		
		（5）空调、电梯等大型设施设备的开关及使用是否指定专人负责或制定相关规定	2		
		（6）电源、线路、开关、插座是否有异常现象出现	2		
		（7）是否存在违章操作	2		
		（8）对易倾倒物品是否采取防倒措施	2		
		（9）是否有健全的安全机构及规章制度	2		
		（10）是否定期进行应急预案的演习	2		
		小计	20		
		合计	100		

评语：	检查人：

（三）现场诊断的结果分析

在对现场进行诊断后，企业要将诊断结果以书面形式呈现，在分析的过程中找出存在的问题和难点，最好同时附上所拍照片，最后还要提出相应的建议。

二、建立5S推行组织

企业可成立5S推行委员会，委员会设主任委员、副主任委员、干事、执行秘书各一名，设委员及代理委员若干名。各成员必须明确其具体的工作职责及责任区域。以下提供一份××公司5S推行委员会架构图，供读者参考。

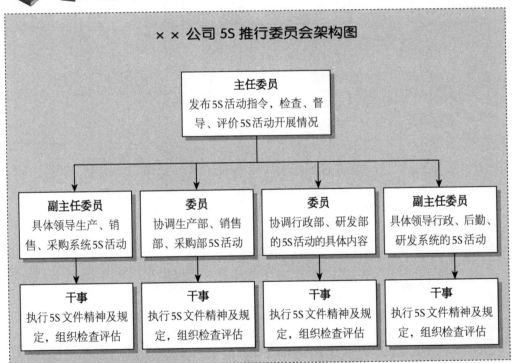

三、制订5S推行计划

所谓计划，就是预先决定5W1H——做什么（What）、为什么做（Why）、在什么地方做（Where）、什么时候做（When）、由谁做（Who）、怎么做（How）。计划是在各式各样的预测基础上制订的，虽然并不是所有的事情都会按照计划发展，但如果不制订计划,所有的事情都可能会杂乱无章。以下提供两份5S推行计划范本,供读者参考。

他山之石(1)

××公司5S管理体系持续推行计划表

步骤	项目	推行计划											
		1周	2周	3周	4周	5周	6周	7周	8周	9周	10周	11周	后续
1.5S管理推行准备	1.1 确定5S管理推行负责人和小组,并制定相关的5S实施文件	■											
	1.2 各副主任负责提交各小组的责任区域图,以及所有有待其他部门或者上级部门解决的5S问题清单		■										
	1.3 全厂新员工培训及培训测试;5S宣传			■									
2.5S管理推行	2.1 各部门开始实施,在实施过程中整理并提交问题清单				■								
	2.2 各部门确定清扫责任区,具体落实到每个人并实施清扫					■							
	2.3 各部门实施整顿(目视管理)						■						
	2.4 各部门实施清洁							■					
	2.5 全厂5S管理实施评比								■				
3.5S管理的维持	3.1 每月由5S管理委员会主任抽取部分车间或部门进行评比,前两名给予一定的奖励								■	■	■	■	■
	3.2 由行政部将5S培训内容纳入新员工培训项目,每个月对新进员工进行一次培训								■	■	■	■	■

××公司 5S 推行进度计划（甘特图）

编制：　　　　　　　批准：

序号	阶段	工作内容	1月	2月	3月	4月	5月	6月	7月	8月	9月	10月	11月	12月
1	组织策划	5S现状诊断	■											
		组建5S委员会、5S小组，明确岗位职责	■	■										
		5S骨干培训		■										
		制订5S推行计划		■										
		5S宣传工作展开			■	■	■	■	■	■	■	■	■	■
2	体系设计	全员5S培训			■									
		5S骨干外训			■									
		确定5S方针、目标			■									
3	5S体系建立	编写5S手册				■								
		制作整理、整顿、清扫、清洁、素养的程序文件及表格				■								
		示范部门或车间整理、整顿开始					■							
		制定5S评分标准和5S竞赛办法					■							
4	5S运行	5S知识竞赛(晚会)、5S实施动员大会						■						
		整理						■						
		整顿						■	■					
		清扫							■					
		5S审核							■					
		清洁							■	■	■	■	■	■
		管理层5S评审								■				

四、实施5S教育培训

作为5S推行组织，推行委员会的首要任务是将全体成员培养和教育好，领导全员齐心协力、共同推进5S活动。其次，作为消除浪费和推行持续改善活动的组织，要想把活动维持在一个较为理想的水平上，教育培训也是一个关键的因素。

（一）制订培训计划

① 可依据实际情况编制年度、月度或临时培训计划。
② 根据管理人员、作业人员、新员工等的不同情况，为其"量身定做"培训内容。
③ 教材、教具齐备。
④ 选择合适的学习环境。

以下提供一份××公司5S培训计划，供读者参考。

××公司5S培训计划

为了满足公司的发展需要，建立坚实的现场管理基础，创造一个整洁的工作环境，消除一切安全隐患，生产出达到客户要求的合格产品，特制订此培训计划。

一、培训目的

1. 加强全体人员对5S的认识和了解。掌握生产现场5S管控的标准及要点。
2. 确保推行人员掌握推行的步骤、方法、要领，做到有效地推行。

二、培训安排

培训内容、培训目标、培训对象、培训时间的安排如下表所示。

培训安排

序号	培训内容	目标值	对象	讲师	时间
1	5S的起源和实施的意义 5S定义 5S方针和目标 生产现场5S的标准及要点	80%以上员工考核合格	全体员工		__月__日 至__月__日

续表

序号	培训内容	目标值	对象	讲师	时间
2	推行步骤 宣传教育方式	推行小组全部成员掌握内容并能正确实施	推行小组		__月__日 至__月__日
3	5S推行要点 检查要点 考核与内审方法 各人的职责	推行小组全部成员掌握内容并能正确实施	推行小组		__月__日 至__月__日

三、培训方式

讲授、案例、多媒体课件相结合。

四、培训地点及场地安排

公司二楼大会议室。

五、考核方式

1. 考核内容：以讲授课程内容为主。
2. 考核方式：课后以问卷形式考核。

（二）开展教育培训

1. 培训骨干人员

5S是全体员工共同参与的活动。为了使5S活动能够彻底、持续地开展，需要由推行组织通过制定活动方案以及各种标准和规定对5S活动进行指导，并组织一些评比、竞赛将5S活动推向高潮，激发员工的参与热情。

在5S活动开展之初，并不是所有人都能正确理解5S，这就要求有一批骨干人员能够起到模范带头作用，协助活动的推行。所谓骨干人员，主要是指那些对5S的基本知识和推行要领有较好认识的员工，企业需要有意识地培养一批这样的骨干人员。

2. 培训一般员工

对一般员工实施5S培训的主要目的是让他们正确认识5S。一般来说，培训的内容主要包括以下几个方面。

① 5S的内涵。

② 推行5S活动的意义。

③ 企业对推行5S活动的态度。
④ 5S活动的目标和计划。
⑤ 有关的评比和奖励措施等。

（三）考核检查

① 有培训就有考核，这样可以提高员工对5S活动的重视程度。
② 奖优罚劣。向优秀员工颁发证书，通报表扬；不及格者需进行补考，直至及格为止。

（四）总结经验

① 培训过程中，应及时完善教材，优化教学方式。
② 及时做好总结，为下一次培训做好准备。

实施5S教育培训，除按照上述四个步骤进行外，还可配合标语、新闻、报纸、竞赛等宣传攻势，必要时还可聘请专业的培训顾问来企业授课。

五、活动前宣传造势

（一）活动口号征集和5S标语制作

企业可自制或外购一些5S宣传画、标语等张贴在工作现场，这样做不仅能活跃工作气氛，还能让员工对5S概念耳濡目染，起到潜移默化的作用。除此之外，企业还可以通过在内部开展有奖征集口号活动，促进员工对5S活动的参与。

（二）利用内部刊物

企业通常都有内部刊物，可以利用它对5S活动进行宣传。例如，刊物可经常发表领导强调5S的讲话内容，介绍5S知识，介绍5S活动的进展情况和优秀成果以及5S活动的实施规范，推荐好的实践经验等。内部刊物的影响较大，如果利用得当，会对5S活动能起到很好的推动作用。

（三）制作宣传板报

企业还可以通过制作5S板报来宣传5S知识。例如，展示5S成果，发表5S征文，提示存在的问题等。板报的内容可以丰富多彩，因为它是一种很有效的宣传工具。

1.制作板报的目的

板报是提高员工认识、增进员工对活动理解的有效工具。制作板报的主要目的是为了营造浓厚的5S活动氛围，使活动更容易获得企业全体员工的理解和支持。

2.板报的制作方法

板报是展示管理文件的现场，各部门应该设置专门的5S板报。在板报的制作过程中，应注意以下几点。

① 板报应设在员工或客户的必经场所，如通道、休息室附近，同时，周围要有较为宽敞的空间供人停留。

② 板报制作要美观大方。

③ 板报可以形式多样（图2-1）。

图2-1　各种形式的5S宣传板报

④ 应定期对板报的内容进行更新和维护，如果板报内容长时间不变、外观破旧，也就失去了它应有的宣传作用。

（四）制作《5S推行手册》

为了使全体员工更好地了解和执行5S活动，企业最好能制作《5S推行手册》，做到员工人手一册，通过研讲学习，使员工确切掌握5S的定义、目的、推行要领、实施办法、评价办法等。

六、建立5S活动样板区

(一)开展样板区5S活动的程序

开展样板区5S活动首要的任务是快速地展现5S成果,带给员工必胜的信心。因此,企业在设计示范区5S活动时,应该考虑活动步骤的简化,以达到快速见效的目的。

管理者可以把样板区5S活动的主要程序归纳为如图2-2所示的几个步骤。

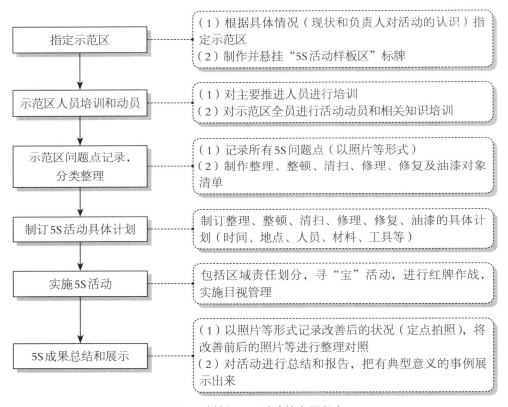

图2-2 样板区5S活动的主要程序

企业一旦决定开展样板区的5S活动,就要全力以赴,争取在短期内取得成效,否则整个活动计划都将受到影响。

(二)样板区的选择

选择样板区就是要在企业内部找到一个"突破口",并为全体员工创造一个可以借鉴的样板。为了达到这样的目的,在选择5S活动样板区的时候应注意以下事项。

1. 选择硬件条件差、改善难度大的车间或部门作为样板区

如果选择一个硬件条件好的车间或部门，短期的5S活动很难形成令人信服的成果，也很难具有视觉冲击力；相反，如果选择一个硬件条件差、改善难度大的车间或部门，通过短期集中的5S活动，可以使生产现场，特别是一些长期脏、乱、差的地方得到彻底的改观，这会对员工产生巨大的视觉冲击，使样板区真正发挥"样板"的作用。

2. 选择具有代表性的车间或部门作为样板区

企业在选择5S活动样板区时，还应考虑所选择的样板区是否有一定的代表性，现场中存在的问题是否具有普遍性。只有选择这样的车间或部门，改善的效果才有说服力，才能被大多数人认同和接受，不然很难达到预期的效果，也不能给其他部门提供示范和参考。

3. 所选样板区的责任人改善意识要强

企业要想使样板区的5S活动在短期内见效，就要选择改善意识比较强的负责人，否则，再好的愿望都有可能落空。

（三）样板区的活动重点

5S活动样板区的活动重点如表2-4所示。

表2-4　5S活动样板区的活动重点

序号	活动名称	活动内容	备注
1	在短期内进行突击整理	采取长期的、分阶段整理的方法是不明智的，必须在短时间内对整个车间进行一次大盘点，为无用品的处理做准备	
2	下狠心对无用品进行处理	"做好整理工作的关键是下定废弃的决心"，即对那些无用品进行处理的决心	将无用品扔掉，将待定的物品分类转移到另外的场所
3	快速地整顿	以工作或操作的便利性、使用的频度、安全性、美观性等为标准，决定物品的放置场所和放置方法；对所有已归位的物品要采用统一的标志	由于时间的关系，可先采用特定的标识方法，然后再研究统一的标识方法
4	彻底地清扫	在短期内，发动样板区内全体员工进行彻底清扫，对难点采取特殊的整理措施	

（四）样板区5S活动效果确认及总结报告

要使样板区的5S活动成果能够成为全企业5S活动的方向标，企业应该力求做好

以下几个方面的工作。

1.活动成果的报告和展示

首先要对样板区的5S活动成果进行系统的总结，总结的内容通常包括活动计划的执行情况、员工的培训效果、活动的过程、员工参与活动的情况、活动成果和改善事例等。有条件的话，可以将这些内容制成板报集中展示出来，让全体员工了解示范区的5S活动。

除此之外，还可以通过说明会、报告会和内部刊物等多种形式进行广泛的宣传。

2.组织样板区参观活动

为了让企业内更多的人了解样板区的改善成果，组织样板区参观活动是一个很有效的方法，这同时也是企业领导表明对样板区活动成果认同、对5S活动支持的好机会。要使参观活动有成效，需做好以下几个方面的准备工作。

① 准备好参观的地点和需要进行重点介绍的事项，在现场对改善事例进行展示。

② 指定对改善事例解说的员工（通常是改善者本人），并按要求做好解说准备。

③ 参观人员分组时，注意在每一个小组内安排企业高层领导参与。

3.高层领导的肯定和关注

开展样板区活动的目的是要通过局部的改善带动活动的全面开展，起到"以点带面"的作用。为了使样板区的改善成果有号召力，企业高层领导对改善成果的认同是很关键的。企业领导应该对成果表示关注和肯定，积极参与样板区的参观活动，在各种场合表达对改善成果的赞许。

七、全面推进5S活动

当样板区5S活动推行成功后，管理者就应该依照样板区的工作标准和工作经验，在整个企业的各车间、各部门中大面积地横向推进5S活动。

第三章 推进5S的基础工作——标准化

导读

在成功推进并使企业的面貌、员工的士气大有变化后,必须使之标准化。5S活动标准就是指企业推行5S活动应遵循的一些基础性标准。许多企业推行5S活动失败了,是因为未将5S当成一项长期工作来做,未能将成果标准化。5S推进到一定的程度后,就要进入标准化阶段。所谓标准化,就是将目前认为是完成某项目任务的最好方法作为标准,让所有做这项工作的人员都执行这个标准并不断地完善它,这个过程就叫做标准化。

学习目标

1. 了解5S的基础工作——标准化的项目及制定方法。
2. 掌握5S活动标准、每人每天的5S活动表、5S审核评分标准、不符合5S项目的基本分类准则、内部审核评分表的内容,并且能够定期调查以调整方向。

学习指引

序号	学习内容	时间安排	期望目标	未达目标的改善
1	制定5S活动标准			
2	制作每人每天的5S活动表			
3	制定5S审核评分标准			
4	不符合5S项目的基本分类准则			
5	制定内部审核评分表			
6	定期调查以调整方向			

一、制定5S活动标准

制定标准的第一步是选定要进行标准化的任务,第二步是制定标准。标准可以用文字的形式来体现,对于某些具体的要求,也可以用图片的形式来体现。

(一)不同区域的5S活动标准

以下分别从生产区域、办公区域、仓库三个方面提供××公司5S活动标准的范本,供读者参考。

(1)

5S	活动标准
	××公司生产区域 5S 活动标准
整理	1. 工作区域物品摆放应有整体感 2. 物料按使用频率分类存放 3. 不经常(3天及3天以上使用1次)使用的物品不应摆在工作台上 4. 设备、工作台、清洁用具、垃圾桶、工具柜应按水平、直角放置在指定的场所 5. 良品、不良品、半成品、成品要规划区域摆放与操作并标识清楚(良品区用黄色,不良品区用红色) 6. 周转车要扶手朝外整齐摆放 7. 呆滞物品要定期清除 8. 工作台上的工具、模具、设备、仪器等无用物品须清除 9. 生产线上不应放置多余物品,不应掉落物料、零料 10. 地面上不能直接放置成品(半成品)、零件 11. 私人物品应放置在指定区域内 12. 茶杯应放在茶杯架上 13. 电源线不应杂乱无章地散放在地上,应扎好并规范放置 14. 脚踏开关电线应从机器尾端引出,开关应定位管理 15. 按货期先后分"当天货期、隔天货期、隔两天以上货期"三个区域摆放产品 16. 没有投入使用的工具、工装、刃物等应放在物品架上 17. 测量仪器的放置处应无其他物品 18. 绕线机放置处除设备纤维管、剪刀外,不应放置其他物品 19. 包带机放置处除设备、剪刀、润滑油外,不应放置其他物品

续表

5S	活动标准
整顿	1. 各区域要做区域标志画线（线宽：主通道12厘米，其他8厘米） 2. 各种筐、架的放置处要有明确标识（标识为黄白色，统一外印） 3. 所有物品、产品都要有标识，做到一目了然 4. 各区域要制定定位管理总图并注明责任人 5. 不良品放置场地应用红色予以区分 6. 消防器材前应用红色斑马线予以标识、区分 7. 卫生间应配以图像标识 8. 物品摆放应整齐，且须与定位图吻合 9. 标志牌、作业指导书应统一纸张大小及粘贴高度，并水平、直角粘贴 10. 宣传白板、公布栏内容应适时更新 11. 下班后，椅子应归到工作台下并与台面水平、直角放置 12. 清洁用具用完后应放入指定场所 13. 不允许放置物品的地方（通道除外）要有标志 14. 产品、零件不得直接放置在地面上 15. 固定资产应有资产标志、编号，并使用台账对其进行管理 16. 物品应按使用频率放置，使用频率越高的放置越近 17. 工装、夹具应按类别成套放置 18. 成品摆放高度为：普通包装方式1.3米，安全包装方式1.5米 19. 橡胶筐纸板应按规定区域摆放，定时处理 20. 设备、机器、仪表、仪器要求定期保养维护，标识清楚，且有记录 21. 图纸、作业指导书、标语、标志应保持最新的有效版本 22. 易燃、易爆等危险品要存放在专用地点并配有标识，旁边需设有灭火器
清扫	1. 地面应保持无碎屑、废包装带、废聚酯膜等其他杂物 2. 地面应每天打扫并在"5S"日进行大扫除 3. 墙壁应保持干净，不应存在胡乱贴纸、刻画等现象 4. 机器设备、工具、计算机、风扇、灯管、排气扇、办公桌、周转车等应经常擦拭，保持清洁 5. 饭厅、物料库屋顶应定期清理 6. 花草要定期修剪、施肥
清洁	1. 垃圾桶内垃圾应保持在垃圾桶容量的3/4以下 2. 有价值废料应每天回收 3. 工作台、文件夹、工具柜、货架、门窗应保持无损坏、无油污 4. 地面应定时清扫，保持无油渍

续表

5S	活动标准
清洁	5.清洁用具保持干净 6.卫生间应定时刷洗 7.共用餐具应定时消毒
素养	1.坚持召开班前会，学习礼貌用语并做好记录 2.每天坚持做5S工作，进行内部"5S"不定期诊断 3.注意仪容仪表，穿着制服、佩戴工牌上班 4.遵守厂纪厂规，不做与工作无关的事 5.按时上下班，不早退、不迟到、不旷工 6.吸烟到规定场所，不在作业区吸烟 7.打卡、吃饭自觉排队，不插队 8.不随地吐痰，不随便乱抛垃圾，看见垃圾应立即捡起并放入垃圾桶 9.上班时间不闲聊、不呆坐、不吃东西，离开工作岗位时佩戴离岗证 10.保持良好的个人卫生 11.按作业指导书操作，避免出现差错

 他山之石（2）

××公司办公区域5S活动标准

5S	活动标准
整理	1.办公物品放置要按水平、直角放置，不得出现凌乱现象 2.除每日必需品外，其他物品不应放在办公桌上 3.办公桌下除垃圾桶外，不得存放其他任何物品 4.垃圾桶（公用）及清洁用具须按规划区域摆放 5.每张办公桌上都配有一套相同的办公文具，不能共用 6.茶杯、烟灰缸不应放置于办公桌上 7.办公桌桌面应保持干净，抽屉里面不应杂乱无章 8.过时文件要及时处理 9.文件、资料要分类，水平、直角摆放于文件柜或办公桌上
整顿	1.设置物品摆放定置管理图，并标注物品责任人 2.文件、资料等应使用标志，定置管理

续表

5S	活动标准
整顿	3.确保需要的文件、资料能在10秒钟之内找到 4.茶杯应放在指定的茶杯架上 5.办公桌抽屉内应按办公用品资料、文件样品、生活用品等归类、区分摆放各种物品，且做好标识 6.垃圾桶、清洁用品应放在指定场所 7.人员离开办公桌时，应将座椅推至桌下，并使其紧挨办公桌平行放置 8.电源插头应保持干净且用不干胶打印做标志 9.电话、台历应划定位线 10.计算机、电话线应束起，不得杂乱 11.标语、挂图等应保持有效版本 12.文件夹应按大小统一归类挂置，且需做目录 13.过时跟踪卡、图纸等应指定摆放区域，定位放置 14.文件柜应用标志标明柜内物品及负责人
清扫	1.地面保持无灰尘、碎屑、纸屑等杂物 2.墙角、地板、计算机、空调、墙壁、天花板、排气扇、办公用品等要定期维护，保持干净 3.办公桌桌面、抽屉、文件柜应保持整齐 4.垃圾桶内的垃圾不应超过垃圾桶容量的3/4 5.白板应定期进行清洁，保持干净
清洁	1.文具及办公用品应保持清洁并无破损，文件无掉页、标志清楚且封面清洁 2.工作鞋、工作服应整齐干净 3.地面、墙壁等无脏印、无灰尘 4.清洁用具、垃圾桶应保持干净 5.整理、整顿、清扫应规范化、习惯化，管理人员负责督导下属，下属能做到自发工作
素养	1.坚持召开班前会，学习礼貌用语并做好记录 2.每天坚持做5S工作，定期进行内部5S不良状况诊断 3.注意仪容仪表，按规定穿着制服、佩戴工牌上班 4.遵守厂纪厂规，不做与工作无关的事 5.按时上下班，不早退、不迟到、不旷工 6.吸烟到规定场所，不在办公室内吸烟 7.保持良好的个人卫生 8.人员仪容端正、精神饱满，认真工作 9.下班后须关闭所有用电设备、器件

他山之石（3）

××公司仓库5S活动标准

5S	活动标准
整理	1.呆滞物料应按规定日期申报处理 2.报废物品、有价值废料应定期处理 3.漆包线、卷线应按规格、型号、产地、购进时间分类储存 4.内协引线、标签等物品应存放在便于查找的位置 5.纸箱、泡沫箱等材料应摆放整齐，剩余的纸隔板应定期处理 6.客供物料应有专门区域存放 7.通道应畅通并整洁 8.文件和各种单据应分类按序摆放 9.垃圾桶、清洁用具应按规划区域摆放 10.待检物料、呆滞物料、报废品、废料应分区域摆放 11.退货产品与合格产品应分区域摆放 12.退货产品与退货附件应定期处理
整顿	1.设计物品摆放定置管理图，并标明责任人 2.产品、物料分类摆放并有标识，且物、账应一致 3.物品应设置最高库存量与最底库存量 4.主料、辅料、杂料、包装材料、危险物品应分开定位放置 5.账、卡、物应一致，卡应悬挂在物品放置处 6.环氧树脂、氧气、氩气、油类等易燃、易爆的危险品应放在特定场所 7.对于一时无法存放于库房的物料，应设置"暂放"标示牌 8.物料的存放点应符合定置图要求 9.产品物料直列放置不应超过1.5米（纸箱、泡沫板除外） 10.常用物料应便于领用和存放 11.物料应按《物料分类储存管理规定》储存 12.进出仓库记录应按规定要求操作
清扫	1.材料不应脏污、附有灰尘 2.墙壁、天花板应保持干净，地面应保持无灰尘、无纸屑、无水渍 3.计算机、电话、电风扇、灯管、物料等表面应无灰尘

续表

5S	活动标准
清洁	1. 通道应划清界限并保持清洁 2. 物品摆放应整齐、有条理、不脏乱 3. 抽屉内不杂乱，下班时，办公桌上应保持整洁
素养	1. 坚持召开班前会，学习礼貌用语并做好记录 2. 每天坚持做5S工作，定期进行内部5S情况诊断 3. 注意仪容仪表，按规定穿着制服、佩戴工牌上班 4. 遵守厂纪厂规，不做与工作无关的事 5. 按时上下班，不早退、不迟到、不旷工 6. 吸烟到规定场所，不在作业区吸烟 7. 打卡、吃饭自觉排队，不插队 8. 不随地吐痰，不随便乱抛垃圾，看见垃圾立即拾起并放入垃圾桶 9. 上班时间不闲聊、不呆坐、不吃东西，离开工作岗位应佩戴离岗证 10. 保持良好的个人卫生 11. 按作业指导书操作，避免出现差错

（二）用图片形式展示5S活动标准

5S活动标准最好能以图片的形式展示出来，并张贴在工作场所。

（三）图文并茂展示5S活动标准

除单纯用图片展示外，也可以将5S推进活动的标准以图文的形式固定下来，使各部门都能将其作为参考标准。以下为××公司5S活动执行标准，供读者参考。

他山之石（4）

××公司5S活动执行标准

以下为本公司制定的5S活动执行标准及执行标准示范照片，照片可因环境变化或标准的修改而做出更新。

1. 整理

编号	典型活动	执行标准/照片
1.1	抛弃不需要的东西或将其运回仓库（如一年内没有用过的物品）	（1）处理过期的文件、食物、药物、破损无用物品、机械/仪器设备、空化工容器等 （2）处理回仓余料、区域内不常用的物品或坏料
1.2	3R：环保回收、循环再用及节能降耗（如减少纸、水、电的用量）	（1）垃圾分类存放（化工类、塑料类、纸类等） （2）设立环保纸箱 （3）申领文具实行以旧换新 （4）制订节能降耗计划
1.3	根据使用程度对物品进行存放	所需要的物品均应定位分类存放，如工具类、仪/机器类、文件类、文具类、物料、零配件等，并将其按经常用、短期用、较长时间用的类别分开摆放

续表

编号	典型活动	执行标准/照片
1.4	工作区域内的私人物品量减至最低并集中存放	尽量减少工作区域内的私人物品，并且应集中、统一、整齐地存放（如杯子、衣服、雨伞、鞋等）
1.5	处理脏乱、泄漏和损坏情况，并消除其根源	（1）维修时应挂出"正在维修中"的牌子，并要保存相关记录 （2）待维修的地方应挂出"待维修"的牌子，并显示维修完成日期 （3）及时处理区域内脏乱、泄漏和损坏的情况
1.6	工作中的物品应合理分配和使用	（1）每位员工应有一套适用的文具 （2）每位修理工应有一套适用的工具 （3）实施"一换一"制度
1.7	一小时会议	（1）每天早会控制在10分钟以内 （2）会议守则（准备议程、准时开会、关闭手机、发言精简、准时结束）

续表

编号	典型活动	执行标准/照片
1.8	物料或文件集中存放（包括电子档案）	文件、记录、文具、工具、物料、食物等均须分类、集中存放

2. 整顿

编号	典型活动	执行标准/照片
2.1	所有物品都有清楚的标识和存放位置	所有的机械、仪器、物料、成品均有名称及完整的标识，标识上标明放置地点
2.2	划分的每个区域均有负责人标识	每个分区都有负责人标识，每位员工都有负责的区域

续表

编号	典型活动	执行标准/照片
2.3	文件、物料、工具等使用合适的容器存放，并整齐放置	文件、记录、工具、物料、成品、文具等应采用适宜的容器存放
2.4	文件和物品的存盘有具体的标准和控制总表（包括物品的最高、最低数量）	（1）文件、资料应制定存盘标准（按时间先后、型号、文件编号等）及控制总表 （2）物料、半成品应制定储存标准及控制总表
2.5	先进先出原则的应用	（1）物料、产品的进出应按先进先出原则进行 （2）应有有效期标识

续表

编号	典型活动	执行标准/照片
2.6	区域划分线和指引牌	各种区域应用不同颜色划分，并标示出区域属性及责任人
2.7	整洁、明确、易懂的通告板和通告（有大标题和分区，及时清除过期通告）	通告板上应有分类标题（如行政通告、内部通告、各部门通告等）、负责人，及时定期清除过期通告
2.8	在30秒内可取出和放回文件及物品	文件、材料等集中存放并用彩色斜线分类标记，而且能够在30秒内取用或存放

3. 清扫

编号	典型活动	执行标准/照片
3.1	个人清扫责任的划分及执行（包括高层人员）	每人清理自己的工作范围及负责区域
3.2	使清扫和检查更容易（如铺地砖离地150毫米）	（1）所有通道和公共区域均应保持清洁、顺畅 （2）尽量使用机械化清洁作业，如吸尘/吸水机、洗地机等
3.3	清扫那些很少注意到的隐蔽地方（如风槽顶）	注意清扫隐蔽的地方，如风扇叶、柜顶/底/内/侧、角落、机器下面、风槽顶、灯管顶部等
3.4	地面和整体环境保持光洁、明亮	各区域负责人应确保本区域内无垃圾、污渍、杂物等

4. 清洁

编号	典型活动	执行标准/照片
4.1	保持透明度（如使用能够一眼看透的玻璃门/盖）	（1）各部门应尽量使用透明门/盖的柜子存放物品/文件/工具 （2）如是木质或铁质的门/盖，应在门外标示清楚并配置相应的照片，明确责任人
4.2	现场采用直线及直角式的布置，保持通道通畅（增加空间和减少碰撞）	（1）办公桌、工作台的布置以直线、直角为主 （2）物料存放以直线、直角为主，标识朝外
4.3	现场工作指引和"已检查合格"的标识	（1）生产/作业现场应有有效的工作指引 （2）仪器及设备，如烙铁（温度）、电批（力度）等均应符合现场指引要求 （3）物料/成品的状态有明确标识

续表

编号	典型活动	执行标准/照片
4.4	电掣功能、控制范围标志及电线的整理（包括离地）	（1）各类电线、电话线等应分类扎好，不得交叉、凌乱 （2）对各个开关的控制范围要明确标示
4.5	节省能源方法	（1）下班时应将空调、电灯、计算机、风扇等电器的电源关闭 （2）规定空调合适温度，例如，空调统一设定在24摄氏度，当气温低于24摄氏度时，空调无法启动 （3）张贴相应的标语
4.6	通道、管道等的方向标识及颜色区分	（1）通道方向要有标识 （2）管道以颜色管理、分区 （3）电掣有荧光开关标记

续表

编号	典型活动	执行标准/照片
4.7	颜色和视觉管理（纸、文件匣、铭牌、柜子等）	（1）文件用不同颜色作为分类标记 （2）危险标记、消防设施/通道等安全标记统一使用红色
4.8	在平面图和现场图上加入5S和工作责任标志	各部门将5S划分的责任区域形成平面图，并张挂于部门内的明显位置
4.9	防止噪声、振动和危险情况并消除其隐患	（1）定期检查及保养仪器和设备，如有超标应及时改善 （2）定期检查安全设施，发现安全隐患
4.10	清晰的部门/办公室的标志、铭牌和工作证	（1）各部门、各办公室、各职位均应有清晰的铭牌 （2）每个人均应按规定佩戴工作证

续表

编号	典型活动	执行标准／照片
4.11	防止出错的方法	（1）挂工具的墙或木板用线条显示形象，并标示清楚 （2）固定摆放物品的位置均须以图标／照片显示

5. 素养

编号	典型活动	执行标准／照片
5.1	履行自己的职责	（1）遵守厂纪厂规、员工守则 （2）履行个人工作职责
5.2	每天下班前5分钟执行5S活动（自己定执行内容表）	每人每天下班时均需按"个人5S检查表"（个人自定5～10条内容）进行5分钟5S活动
5.3	组织架构和服务宗旨放在入口明显位置	（1）每个部门均有最新组织架构图 （2）每个部门均有公司管理方针和部门目标

二、制作每人每天的5S活动表

企业应要求员工在每天工作结束之后，利用5分钟对自己的工作区域进行整理、整顿、清扫。这项活动无论是生产现场还是办公室都要推进，为此要有针对性地制定每天的5S活动表。

（一）生产现场——5分钟/10分钟5S活动内容

生产现场——5分钟/10分钟5S活动内容及自检如表3-1所示。

表3-1　生产现场——5分钟/10分钟5S活动内容及自检

区分	活动内容	自检
5分钟 5S活动	（1）检查着装情况和清洁度	
	（2）检查是否有物品掉在地上，将掉在地上的物品都捡起来，如零件、产品、废料及其他	
	（3）用抹布擦干净仪表、设备、机器的关键部位	
	（4）擦干净溅落或渗漏的水、油或其他脏污	
	（5）重新放置那些放错位置的物品	
	（6）将标示牌、标签等擦干净，保持字迹清晰	
	（7）确保所有工具都放在应该放置的地方	
	（8）处理所有非必需品	
10分钟 5S活动	（1）实施上述"5分钟5S活动"的所有内容	
	（2）用抹布擦干净仪表、设备、机器上除关键部位外的其他部位	
	（3）固定可能脱落的标签	
	（4）清洁地面	
	（5）扔掉废料箱内的废料	
	（6）对个人工具柜进行整理或对文件资料、记录进行整理	

（二）办公室——5分钟/10分钟5S活动内容

办公室——5分钟/10分钟5S活动内容及自检如表3-2所示。

表3-2　办公室——5分钟/10分钟5S活动内容及自检

区分	活动内容	自检
5分钟 5S活动	（1）检查着装情况和服装清洁度	
	（2）检查是否有物品掉在地上，将掉在地上的物品都捡起来，如回形针、文件及其他	
	（3）整理并彻底清洁桌面	
	（4）检查存放文件的位置，将文件放回应该放置的位置	
	（5）扔掉不需要的物品，包括抽屉内的私人物品	
	（6）检查档案柜、书架及其他家具等，将放置不恰当的物品改正过来	
10分钟 5S活动	（1）实施上述"5分钟5S活动"的所有内容	
	（2）用抹布擦干净计算机、传真机及其他办公设备	
	（3）固定可能脱落的标签	
	（4）清洁地面	
	（5）扔掉垃圾篓内的垃圾	
	（6）检查电源开关、门窗、空调等是否均已关闭	

三、制定5S审核评分标准

为确保5S内部审核有标准可依，并确保审核的公平性，企业须事先制定评分标准，而且这一标准要让全体员工了解，以便在评审时做到心服口服。

对工厂而言，5S的内部审核评分标准分为两种：一种是用于工作现场的评分标准，适用于车间、仓库等一线部门；另一种是科室评分标准，适用于办公室等非生产一线的工作场所。评分标准中的内容一般按整理、整顿、清扫、清洁、素养、安全六个方面制定，也可以根据布置情况进行设计。以下提供××公司办公区5S评分标准和作业区5S评分标准，供读者参考。

(1)

××公司办公区 5S 评分标准

项目	序号	标准内容	扣分/分
1.1 地面	1.1.1	通道畅通	1.5
	1.1.2	地上无垃圾、无杂物、保持清洁	1.5
	1.1.3	暂放物有"暂放标志牌"	1.5
	1.1.4	物品存放于指定区域内	1.5
	1.1.5	地面无积水	1.5
	1.1.6	地面的安全隐患处(突出物、地坑等)应有防范或警示措施	1.5
1.2 垃圾桶	1.2.1	定位摆放,标志明确	1.5
	1.2.2	本身保持干净,垃圾不超出容器	1.5
1.3 盆栽(包括台上摆放的)	1.3.1	盆栽需定位(无须定位线)	1.5
	1.3.2	盆栽周围干净、美观	1.5
	1.3.3	盆栽叶子保持干净,无枯死	1.5
	1.3.4	盆栽容器本身干净	1.5
2.1 办公桌、椅	2.1.1	办公桌定位摆放,隔断整齐	1.5
	2.1.2	抽屉应分类标志,标志与物品相符	1.5
	2.1.3	台面保持干净,无灰尘杂物,无规定外的物品	1.5
	2.1.4	台面物品按定位摆放(除正在使用外),不拥挤、凌乱	1.5
	2.1.5	人员下班或离开工作岗位10分钟以上,台面物品、办公椅归位	1.5
	2.1.6	办公抽屉不杂乱,公私物品分类放置	1.5
	2.1.7	与正进行的工作无关的物品应及时归位	1.5
	2.1.8	玻璃下压放的资料尽量少并整齐,不压日历、电话表	1.5
2.2 茶水间、饮水区	2.2.1	地面无积水	1.5
	2.2.2	整洁、卫生	1.5
	2.2.3	饮水器保持正常状态	1.5
	2.2.4	水杯、水瓶定位放置,标志明确、清晰	1.5

续表

项目	序号	标准内容	扣分/分
2.3 其他办公设施	2.3.1	饮水机、空调、计算机、复印机、传真机、碎纸机等保持正常状态，如有异常应做出明显标志	1.5
	2.3.2	保持干净	1.5
	2.3.3	明确责任人	1.5
	2.3.4	暖气片及管道上不得放杂物	1.5
3.1 门、窗	3.1.1	门扇、窗户玻璃保持明亮干净	1.5
	3.1.2	窗帘保持干净	1.5
	3.1.3	窗台上无杂物	1.5
	3.1.4	门窗、窗帘无破坏	1.5
	3.1.5	门牌标志清晰、准确	1.5
	3.1.6	门窗玻璃无乱张贴现象	1.5
3.2 墙	3.2.1	保持干净，无脏污	1.5
	3.2.2	不悬挂非必需品	1.5
	3.2.3	电器开关处于安全状态，标志明确	1.5
	3.2.4	墙身贴挂应保持整齐，表单、通知定位在公告栏内	1.5
	3.2.5	墙体破损处及时修理	1.5
	3.2.6	没有蜘蛛网	1.5
3.3 天花板	3.3.1	破损处及时修复，没有脱落	1.5
	3.3.2	无非必需品吊挂	1.5
3.4 公告栏、看板	3.4.1	主要部门应有看板（如"人员去向板""管理看板"等）	1.5
	3.4.2	做好版面设置，标题明确，有责任人	1.5
	3.4.3	无过期张贴物	1.5
	3.4.4	管理板及时填写员工去向，并及时更新	1.5
	3.4.5	笔刷齐备，处于可使用状态	1.5
	3.4.6	内容充实，及时更新	1.5
4.1 文件资料、文件盒	4.1.1	定位分类放置	1.5
	4.1.2	按规定标志清楚，明确责任人	1.5
	4.1.3	夹（盒）内文件定期清理、归档	1.5
	4.1.4	文件夹（盒）保持干净	1.5
	4.1.5	文件归入相应文件夹（盒）	1.5
	4.1.6	组长以上管理人员应建立"5S专用文件夹"，保存主要的5S活动资料文件	1.5

续表

项目	序号	标准内容	扣分/分
4.2 文件柜（架）	4.2.1	文件柜分类标志清楚，明确责任人	1.5
	4.2.2	文件柜保持干净，柜顶无积尘、杂物	1.5
	4.2.3	文件柜里放置整齐	1.5
	4.2.4	文件柜内物品、资料应分区定位，标志清楚	1.5
5.1 服装、鞋袜	5.1.1	不穿时存放于私人物品区	1.5
	5.1.2	服装、鞋袜、洗漱用品放入指定区域	1.5
5.2 私物	5.2.1	一律摆放于私人物品区	1.5
6.1 着装标准	6.1.1	按规定着装	1.5
	6.1.2	工作服、帽，干净、无破损	1.5
6.2 规章制度	6.2.1	不呆坐，不打瞌睡	1.5
	6.2.2	没有聚集闲谈或大声喧哗	1.5
	6.2.3	不吃零食	1.5
	6.2.4	不做与工作无关的事项（看报、小说等）	1.5
	6.2.5	没有擅自串岗、离岗	1.5
	6.2.6	配合公司5S活动，尊重检查指导人员，态度积极主动	1.5
	6.2.7	班组长以上管理人员应建立"5S专用文件夹"，保存主要的5S活动资料文件	1.5
	6.2.8	工作区域的5S责任人划分清楚，无不明责任的区域	1.5
	6.2.9	"5S区域清扫责任表"和"点检表"要按时、准确填写，不超前、不落后，保证与实际情况相符	1.5
	6.2.10	应学习《5S员工考核制度》，并切实执行，保存必要记录	1.5
	6.2.11	有"5S宣传栏（或园地）"，有专人负责，定期更换，并保存记录	1.5
	6.2.12	经常对员工（含新员工）进行5S知识的宣传教育，并有记录	1.5
	6.2.13	建立经常性的晨会制度，车间级每天至少一次，班组每天班前进行一次	1.5
	6.2.14	按《礼貌推行办法》教育员工，要求员工待人有礼节，不说脏话，做文明礼貌人	1.5
	6.2.15	教育员工严格遵守《职业规范》	1.5

续表

项目	序号	标准内容	扣分/分
6.2 规章制度	6.2.16	要求所有员工对5S活动的口号、5S意义、基本知识有正确认识,能够表述清楚	1.5
7.1 能源	7.1.1	厉行节约,无长流水、长明灯等浪费情况	1.5
8.1 休息室、休息区、会客室、会议室	8.1.1	各种用品保持干净,定位标志	1.5
	8.1.2	各种用品及时归位,凳子及时归位	1.5
	8.1.3	饮用品应保证安全卫生	1.5
	8.1.4	烟灰缸及时清理,烟头不乱扔	1.5
	8.1.5	地面保持干净	1.5
8.2 洗手间	8.2.1	保持干净,无大异味,无乱涂画	1.5
	8.2.2	各种物品应摆放整齐,无杂物	1.5
8.3 清洁用具	8.3.1	清洁用具定位摆放,标志明确	1.5
	8.3.2	本身干净,容器内垃圾及时清理	1.5
9.1 加减分	9.1.1	若某一问题重复出现,重复扣分	2
	9.1.2	发现未实施整理、整顿、清扫的"5S实施死角"一处	10
	9.1.3	有突出成绩的事项(如创意奖项),视情况加分	+2

他山之石(2)

××公司作业区5S评分标准

项目	序号	标准内容	扣分/分
1.1 地面上	1.1.1	物品定位摆放、有标志	1.5
	1.1.2	无污染(积水、油污、油漆等)	1.5
	1.1.3	无不要物、杂物和卫生死角	1.5
	1.1.4	地面区域划分合理,区域线、标志清晰无脱落	1.5
	1.1.5	应保证物品存放于定位区域内,无压线	1.5
	1.1.6	安全警示区划分清晰,有明显警示标志,悬挂符合规定	1.5
	1.1.7	地面的安全隐患处(突出物、地坑等)应有防范或警示措施	1.5

续表

项目	序号	标准内容	扣分/分
1.2 设备、仪器、仪表、阀门	1.2.1	开关、控制面板标志清晰,控制对象明确	1.5
	1.2.2	设备仪器保持干净,摆放整齐,无多余物	1.5
	1.2.3	设备仪器明确责任人员,坚持日常点检,有真实的记录,并确保记录清晰、正确	1.5
	1.2.4	应保证处于正常使用状态,非正常状态应有明显标志	1.5
	1.2.5	危险部位有警示和防护措施	1.5
	1.2.6	设备阀门标志明确	1.5
	1.2.7	仪表表盘干净清晰,有正确的正常范围标志	1.5
1.3 材料、物料	1.3.1	放置区域合理划分,使用容器合理,标志明确	1.5
	1.3.2	各种原材料、半成品、成品应整齐码放于定位区内	1.5
	1.3.3	不合格品应分类码放于不合格品区,并有明显的标志	1.5
	1.3.4	物料、半成品及产品上无积尘、杂物、脏污	1.5
	1.3.5	零件及物料无散落地面	1.5
1.4 容器、货架	1.4.1	容器、货架等应保持干净,物品分类定位摆放整齐	1.5
	1.4.2	存放标志清楚,标志向外	1.5
	1.4.3	容器、货架本身标志明确,无过期及残余标志	1.5
	1.4.4	容器、货架无破损及严重变形	1.5
	1.4.5	危险容器搬运应安全	1.5
1.5 叉车、电瓶车、拖车	1.5.1	定位停放,停放区域划分明确,标志清楚	1.5
	1.5.2	应有部门标志和编号	1.5
	1.5.3	应保持干净及安全使用性	1.5
	1.5.4	应有责任人及日常点检记录	1.5
1.6 工具箱、柜	1.6.1	柜面标志明确,与柜内分类对应	1.5
	1.6.2	柜内工具分类摆放,明确品名、规格、数量	1.5
	1.6.3	有合理的容器和摆放方式	1.5
	1.6.4	各类工具应保持完好、清洁,保证使用性良好	1.5
	1.6.5	各类工具使用后及时归位	1.5
	1.6.6	柜顶无杂物,柜身保持清洁	1.5

续表

项目	序号	标准内容	扣分/分
1.7 工作台、凳、梯	1.7.1	物品摆放整齐、安全，无不要物和非工作用品	1.5
	1.7.2	保持正常状态，整洁干净	1.5
	1.7.3	非工作状态时按规定位置摆放（归位）	1.5
1.8 清洁用具、清洁车	1.8.1	定位合理，不堆放，标志明确，及时归位	1.5
	1.8.2	清洁用具本身干净整洁	1.5
	1.8.3	垃圾不超出容器口	1.5
	1.8.4	抹布等应定位放置，不可直接挂在暖气管上	1.5
1.9 暂放物	1.9.1	暂放物需有暂放标志	1.5
	1.9.2	暂放区的暂放物应摆放整齐、干净	1.5
1.10 呆料	1.10.1	有明确的摆放区域，并予以分隔	1.5
	1.10.2	应有明显标志	1.5
	1.10.3	做好防尘及清扫工作，保持干净及原状态	1.5
1.11 油桶、油类	1.11.1	有明确的摆放区域，分类定位，标志明确	1.5
	1.11.2	按要求摆放整齐，加油器具定位放置，标志明确，防止混用	1.5
	1.11.3	油桶、油类的存放区应有隔离防污措施	1.5
1.12 危险品（易燃、有毒等）	1.12.1	有明确的摆放区域，分类定位，标志明确	1.5
	1.12.2	隔离摆放，远离火源，并有专人管理	1.5
	1.12.3	有明显的警示标志	1.5
	1.12.4	非使用时应存放在指定区域内	1.5
1.13 通道	1.13.1	通道划分明确，保持通畅，无障碍物，不占道作业	1.5
	1.13.2	两侧物品不超过通道线	1.5
	1.13.3	占用通道的工具、物品应及时清理或移走	1.5
	1.13.4	通道线及标志保持清晰完整	1.5
2.1 墙身	2.1.1	墙身、护墙板及时修复，无破损	1.5
	2.1.2	保持干净，没有脱落及不要物，无蜘蛛网、积尘	1.5
	2.1.3	贴挂墙身的各种物品应整齐合理，表单通知归入公告栏	1.5
	2.1.4	墙身保持干净，无不要物（如过期标语、封条等）	1.5
	2.1.5	主要区域、房间应有标志铭牌或布局图	1.5
	2.1.6	生产现场应无隔断遮挡、自建房中房等	1.5

续表

项目	序号	标准内容	扣分/分
2.2 资料、标志牌	2.2.1	应有固定的摆放位置，标志明确	1.5
	2.2.2	作业指导书、记录、标志牌等挂放或摆放整齐、牢固、干净	1.5
	2.2.3	标牌、资料记录正确，具有可参考性	1.5
	2.2.4	组长以上管理人员应建立"5S专用文件夹"，保存主要的5S活动资料文件	1.5
2.3 宣传栏、看板	2.3.1	主要班组应有看板（如"班组园地""管理看板"等）	1.5
	2.3.2	干净并定期更换，无过期公告，明确责任人	1.5
	2.3.3	版面设置美观、大方，标志明确，内容充实	1.5
2.4 桌面	2.4.1	桌面无杂物、无报纸杂志	1.5
	2.4.2	物品摆放有明确位置，不拥挤凌乱	1.5
	2.4.3	桌面干净，无明显破损	1.5
	2.4.4	玻璃下压物尽量少并摆放整齐，不压日历、电话表	1.5
2.5 电器、电线、开关、电灯	2.5.1	开关须有控制对象标志，无安全隐患	1.5
	2.5.2	保持干净	1.5
	2.5.3	电线布局合理整齐、无安全隐患（如裸线、上挂物等）	1.5
	2.5.4	电器检修时需有警示标志	1.5
2.6 消防器材	2.6.1	摆放位置明显，标志清楚	1.5
	2.6.2	位置设置合理，有红色警示线，线内无障碍物	1.5
	2.6.3	状态完好，按要求摆放，干净整齐	1.5
	2.6.4	有责任人及定期点检	1.5
2.7 辅助设施	2.7.1	风扇、照明灯、空调等按要求放置，清洁无杂物，无安全隐患	1.5
	2.7.2	无人时日用电器应关闭，无浪费现象	1.5
	2.7.3	门窗及玻璃等各种公共设施干净无杂物	1.5
	2.7.4	废弃设备及电器应标志状态，及时清理	1.5
	2.7.5	保持设施完好、干净	1.5
	2.7.6	暖气片及管道上不得放杂物	1.5
3.1 着装及劳保用品	3.1.1	劳保用品明确定位，整齐摆放，分类标志	1.5
	3.1.2	按规定要求穿工作服，着装整齐、整洁	1.5

续表

项目	序号	标准内容	扣分/分
3.1 着装及劳保用品	3.1.3	按规定穿戴面罩、安全帽等防护用品	1.5
	3.1.4	晾衣应有专门区域,合理设置,不影响工作及房间环境	1.5
3.2 规章制度	3.2.1	工作时间不得睡觉和打瞌睡	1.5
	3.2.2	不聚集闲谈、吃零食和大声喧哗	1.5
	3.2.3	不看与工作无关的书籍、报纸、杂志	1.5
	3.2.4	不乱丢烟头(工作区、厂区)	1.5
	3.2.5	配合公司5S活动,尊重检查指导人员,态度积极主动	1.5
	3.2.6	要求所有员工对5S活动的口号、5S意义、基本知识有正确认识,能够表述	1.5
	3.2.7	没有擅自串岗、离岗	1.5
	3.2.8	班组长以上管理人员应建立"5S专用文件夹",保存主要的5S活动资料文件	1.5
	3.2.9	工作区域的5S责任人划分清楚,无不明责任的区域	1.5
	3.2.10	"5S区域清扫责任表"和"点检表"要按时、准确填写,不超前、不落后,保证与实际情况相符	1.5
	3.2.11	应学习《5S员工考核制度》,并切实执行,保存必要的记录	1.5
	3.2.12	应有"5S宣传栏(或园地)",有专人负责,定期更换,并保存记录	1.5
	3.2.13	经常对员工(含新员工)进行5S知识的宣传教育,并有记录	1.5
	3.2.14	建立晨会制度,车间级每天至少一次,班组每天班前进行一次	1.5
	3.2.15	按《礼貌运动推行办法》教育职工,要求员工待人有礼节,不说脏话,做文明礼貌人	1.5
	3.2.16	教育员工严格遵守职业规范	1.5
	3.2.17	员工对5S活动的口号、5S意义、基本知识有正确认识,能够表述清晰、准确	1.5
3.3 生活用品、私人用品	3.3.1	定位标志,整齐摆放,公私物品分开	1.5
	3.3.2	水壶、水杯按标示摆放整齐,保持干净	1.5
	3.3.3	手巾、洗漱用品、鞋袜等按要求摆放整齐,保持干净	1.5

续表

项目	序号	标准内容	扣分/分
3.4 加减分	3.4.1	同一问题重复出现，重复扣分	2
	3.4.2	发现未实施整理、整顿、清扫的"5S实施死角"一处	10
	3.4.3	有突出成绩的事项（如创意奖项），视情况加分	+2

四、不符合5S项目的基本分类准则

（一）重要不符合项

重要不符合项是指直接、严重影响产品的质量、环境、人身安全和健康的现象，具体表现为以下几点：

① 操作设备的方法错误；

② 使用、储存和搬运化学物料不当；

③ 特殊岗位上未采用适当的安全防护措施；

④ 食物不卫生；

⑤ 同一区域内同时出现三次（含）以上的同种轻微不符合项；

⑥ 同一种轻微不符合项在连续三周内均未改善。

（二）轻微不符合项

轻微不符合项是指未按正常工作方法、指令和规定作业，对产品质量、环境、人身安全和健康造成轻微影响的现象，具体表现为以下几点：

① 使用错误的或过期的工作指引或无相应的工作指引；

② 好料和坏料混放，且无相应的明显标志；

③ 未按要求校正、保养仪器和设备；

④ 使用已停用或超过有效期的仪器、设备；

⑤ 使用过期文件，或文件、记录未按要求存盘并有损坏；

⑥ 未遵守先进先出原则；

⑦ 料和卡或料和标签不符；

⑧ 同一区域内同时出现三次（含）以上的同一种观察项；

⑨ 同一种观察项在连续三周内均未改善。

（三）观察项

观察项是指人为疏忽造成的现象，而且是个案，对产品质量、环境、人身安全和健康并没有直接影响，具体表现为以下几点：

① 物料（品）标示及其状态、区域划分和标记、铭牌制作不符合规范；
② 文件、记录存盘有问题；
③ 使用过期组织图或电话表；
④ 物料（品）摆放有问题；
⑤ 破损物品未修理或报废；
⑥ 未清理不整洁的地方和较少注意到的地方；
⑦ 未清除工作区域内的杂物和责任区域内的垃圾；
⑧ 仪容、仪表不符合规定，如未按规定穿制服、戴静电带、戴指套、手套、口罩等；
⑨ 生产防护、办公场所保洁有问题；
⑩ 通道不够通畅、画线不够清晰、规划不够合理等问题；
⑪ 未按要求进行分层管理或分类定位存放；
⑫ 未处理过期公告。

以下提供一份××公司制定的5S常见问题整改备忘表，供读者参考。

序号	问题点	改善建议	责任人	计划完成日期	跟进情况
		××公司5S常见问题整改备忘表			
	跟进日期：	跟进人：			
1	地上无指示方向箭头	需要在地上用绿色涂料画地标指示方向			

续表

序号	问题点	改善建议	责任人	计划完成日期	跟进情况
2	仍无确定责任人及划定责任区，应制作好标识	对做好防护的设备应再标示责任区及责任人			
3	未实行定位放置，设备及相关物品放置凌乱	对设备进行定位整齐划一的存放，并将配套胶筐等也定位放置，画好定位线			
4	划分好的区域内仍存放很多杂物	（1）确定区域责任人，实行责任到人制度 （2）区分要与不要的物品，并将不要的物品清除 （3）将有用的物品进行合理包装后整齐存放，并标示清楚			

注：跟进栏中的符号为☆表示已安排；◎表示实施中；○表示已完成。

五、制定内部审核评分表

企业在制定评分表时,需遵循以下原则。

① 绝对不能只用一张表来审核所有部门,这种方式虽然从表面上看很公平,实际上却很容易使这项活动不了了之,所以企业一定要根据部门的性质制定不同的评分内容与标准。

② 将希望有关部门达到的目标作为审核的内容,这样可以使这些部门了解企业希望他们达到的水平,能针对企业的需求来开展工作。

同时,编制者在编制过程中还要考虑到企业的实际情况和生产特点,力求内容全面,但版本不能太多,方便各部门可以在一个平台上进行考核并便于比较。

以下提供××公司制定的车间5S内审评分表、仓库的5S内审评分表、办公室5S内审评分表,供读者参考。

(1)

××公司车间 5S 内审评分表

区域：　　　　　　　　　　　　　　5S负责人：
审核日期：＿＿＿年＿＿月＿＿日　　　评分人：

项目	审核内容	配分/分	评分	缺失记录
整理	工作场所的不常用机器设备与工具是否定位管理	4		
	工作场所是否摆放茶杯、饭盒、雨伞	4		
	工作场所是否明确依颜色管理画线区分,并标示清楚	4		
	椅子是否定位管理	3		
整顿	储存室、暂收区是否有明确的标示,物料摆放是否依指令归类	4		
	治(工)具、零件摆放是否依制造命令归类	3		
	不良品、废品、良品是否依颜色管理	4		
	物料、生产设备是否放置在指定区域并摆放整齐	4		
	生产线上的各类看板、标示牌是否按规定填写	4		
清扫	作业场所、作业机台是否每天清理打扫	4		
	物料架、电梯、物料仓是否每天清理打扫	4		
	鞋架是否清理干净,个人储物柜门是否关上	4		
	门、窗、天花板、工作台上的灯架是否清理打扫	4		

续表

项目	审核内容	配分/分	评分	缺失记录
清洁	工作场所的地面上是否掉有物料、半成品、成品等	5		
	作业台是否清洁、干净等	5		
	物料柜内物料是否整齐、干净	5		
	工作场所是否清洁、干净	5		
素养	人员服装是否干净、整齐	6		
	厂鞋、厂牌是否穿戴规范、标准	6		
	工作人员是否按作业指导书作业	6		
	上班时是否有人聊天,从事与工作无关之事	6		
	员工是否有礼貌,讲卫生	6		
合计		100		

他山之石(2)

××公司仓库 5S 内审评分表

区域：　　　　　内审日期：＿＿＿年＿＿月＿＿日　　　　　评分人：

项目	审核内容	配分/分	评分	缺失记录
整理	成品区是否有隔离待验区、已验成品区、重工区	5		
	进料区验收合格的原料是否有标示	5		
	重工组是否有不良品与良品区分	5		
	办公桌面是否清理	5		
	进料区物品的摆放是否整齐	5		
整顿	成品区各区域的摆放是否超出界线	5		
	品保办公室文件是否整理	4		
	查检表是否随带随记录	4		
	物料是否依颜色管理进仓月份	5		
清扫	品保室的门、窗、天花板是否清理打扫	5		
	品保区域的地面是否每天打扫	4		

续表

项目	审核内容	配分/分	评分	缺失记录
清扫	办公桌、文件是否干净、整洁	4		
	废品、垃圾是否适时清理	4		
清洁	门、窗、墙角是否有蜘蛛网	4		
	物料或其外包装上是否有灰尘	5		
	地面是否有物料杂物	4		
	空物料架是否保持干净	4		
	仓库内是否有废弃物飞扬、渗出或散发异味	5		
素养	仓库内账、卡、实物是否一致	6		
	上班时是否有人做与工作无关的事情	4		
	员工是否有礼貌,讲卫生	4		
	人员服装是否干净、整齐	4		
合计		100		

（3）

××公司办公室5S内审评分表

区域：　　　　　　内审日期：＿＿＿年＿＿月＿＿日　　　　　评分人：

项目	审核内容	配分/分	评分	缺失记录
整理	不再使用的文件资料、工具废弃处理	4		
	长期不使用的文件资料按编号归类放置于指定文件柜	4		
	常使用的文件资料就近放置	4		
	正在使用的文件资料分未处理、正处理、已处理三类	4		
	办公用品摆放整齐	4		
	台面、抽屉最低限度的摆放	4		
整顿	办公桌、办公用品、文件柜等放置有规划、有标志	4		
	办公用品、文件放置要整齐有序	4		
	文件处理完后均要放入活页夹且摆放整齐	4		

续表

项目	审核内容	配分/分	评分	缺失记录
整顿	活页夹都有相应的标志，每份文件都应有相应的编号	4		
	办公桌及抽屉整齐、不杂乱	4		
	私人物品放置于规定位置	4		
	计算机线用绑带扎起，不零乱	4		
	用计算机检索文件	4		
清扫	地面、墙、天花板、门窗、办公台等打扫干净	4		
	办公用品擦洗干净	4		
	文件记录破损处修补好	4		
	办公室通风、光线通足	4		
	没有噪声和其他污染	4		
清洁	每天上下班花3分钟做5S工作	4		
	随时自我检查、互相检查，定期或不定期进行全面检查，对不符合的情况及时纠正	4		
	整理、整顿、清扫保持得非常好	4		
素养	员工戴厂牌，穿厂服且整洁得体，仪容整齐大方	4		
	员工言谈举止文明有礼，对人热情大方	4		
	员工工作精神饱满，员工有团队精神，互帮互助，积极参加5S活动，员工时间观念强	4		
合计		100		

六、定期调查以调整方向

（一）调查方式

企业应定期在本企业范围内开展调查，以了解员工对5S的认知情况和员工对推行工作中的问题提出一些看法及建议，然后分析这些问题，适时调整5S活动开展的方向。调查可以采用问卷的方式进行，也可以深入现场进行访谈、拍照。

以下提供××公司5S推行调查问卷，供读者参考。

××公司5S推行调查问卷

姓名：_____ 部门：_____

请根据以下项目评价5S的推行对公司及部门整体运作的影响，以便能据此制定下半年实施的政策及目标，从而改善工作环境，提高生产能力和竞争力，并提升公司形象。

序号	评价项目	非常满意 5	满意 4	一般 3	差 2	恶劣 1
1	5S执行效果的维持度					
2	所有经营场地通道（包括宿舍区）的畅通程度					
3	各部门区域环境卫生状况					
4	各职级人员对5S的认识					
5	部门工作效率（如取用文件、记录、物料、工具的速度和准确性）					
6	举办5S培训的层次及深度					
7	5S审核的频率及力度					
8	5S专栏及其内容					
9	5S推行后对产品的质量所起到的作用（如物料标识，区域划分，指引及文件的规范，仪器校正及设备维护，工作环境的优化等）					
10	推行5S后，公司的整体形象					
11	推行5S以来，你认为有哪些方面改善最显著					
12	你认为有哪些方面仍未达到预期目标					
13	对于下半年度如何更好地推动5S活动、如何调动大家参与的积极性等问题，你的建议是：					

（二）出具调查报告

不管是问卷调查，还是深入现场与工作人员访谈、拍照，调查人员最后都要形成书面的调查报告，以便对本次调查的结果进行分析、总结，对某些突出问题提出具体的建议，并提出下一阶段的任务。

以下提供××公司5S现场访谈调查报告，供读者参考。

（2）

××公司5S现场访谈调查报告

2021年4月8日，顾问组在管理部杨××经理及5S专员彭××先生的陪同下对公司各生产区域进行了一次全面的调研。各部门均齐心协力地对5S活动进行了一些改善工作，也取得了不错的成绩，绝大部分管理人员均保持着要做好5S活动推广的良好心态，但从整体上来看，仍有以下问题需要关注。

① 整体上做了很多5S推行工作，但未体现系统性和标准化。

② 未建立5S整体培训体系，各管理层对5S的真正意义及推行方法了解并不多，执行层更是了解很少。

③ 未建立详细的执行标准，各部门推行时各行其道。

④ 未在全公司内建立5S企业文化及相应的规范和制度。

以下为此次调研发现的具体需要改善的项目，敬请关注。

一、车间

接受访谈者是车间主任唐××，该车间的问题点及改善建议如下表所示。

问题点	改善建议	责任部门	完成时间
1.早会只是两班交接的简单形式，一般由车间主任主持，以讲生产方面的内容为主	建议执行早会常规化，每天、每班均需坚持开会，具体执行方式参见《班前会制度》，使管理规范化和常规化		

续表

问题点	改善建议	责任部门	完成时间
2. 区域画线未统一	建议统一按5S画线标准执行，力求统一、美观、实用		
3. 做测试用的设备没有安全警告标识及安全操作说明	建议先给这类设备定位，然后用红色的区域线划分出来，并张贴安全警告标识及安全操作说明书，同时，必须对作业员进行安全要求培训并考核，减少安全事故发生的概率		

二、生产部办公室

访谈对象为生产部经理张××，出现的问题及改善建议如下表所示。

问题点	改善建议	责任部门	完成时间
1. 办公室物品摆放比较乱，垃圾桶没有定位存放，私人物品随处可见	严格执行5S标准，以提升工作效率，对私人物品需要设定专门区域，统一存放		

续表

问题点	改善建议	责任部门	完成时间
2.看板没有发挥其作用，而且表面很乱	夹子可以另选地方统一整齐地挂用，此看板可以作为生产管理看板使用，以提升生产信息的透明度和及时性		

报告人：_____

第四章
5S推进的常用手法

导读

在5S管理过程中,需要通过一些方法来使整个5S的推进变得更加顺利,更加有效率,而其中最常用的实施方法有寻宝活动、定点摄影法、红牌作战、定置管理、油漆作战、标志大行动、目视管理、看板等动等。

学习目标

1.了解5S推进的常用手法(寻宝活动、定点摄影法、红牌作战、定置管理、油漆作战、标志大行动、目视管理、看板行动)的含义和内容。

2.掌握寻宝活动、定点摄影法、红牌作战、定置管理、油漆作战、标志大行动、目视管理、看板等5S常用手法的操作步骤、细节、要求。

学习指引

序号	学习内容	时间安排	期望目标	未达目标的改善
1	寻宝活动			
2	定点摄影法			
3	红牌作战			
4	定置管理			
5	油漆作战			
6	标志大行动			
7	目视管理			
8	看板行动			

一、寻宝活动

寻宝活动是在5S活动整理活动过程中,找出现场的无用物品,进行彻底整理的一种趣味化的手段。所谓宝,是指需要彻底找出来的无用物品。说无用物品是宝,主要是指它对整理活动的成败很有价值的意思,并不是说物品本身有很大价值。

(一)寻宝活动的游戏规则

寻宝活动要顺利进行,首先就要制定游戏规则,打破大家的顾虑。
① 只寻找无用物品,不追究责任。
② 找到越多的无用物品,奖励越高。
③ 交叉互换区域寻宝,便于更多地发现无用物品。
④ 有争议的物品,提交5S推进事务办公室裁决。
⑤ 部门重视的,给予部门奖励。

(二)寻宝活动的开展步骤

1.制订寻宝活动计划

寻宝活动实施计划由5S推进委员会制订,推进办公室予以组织实施。计划可以包括以表4-1所示几个方面的内容。

表4-1 寻宝活动实施计划的内容

序号	项目	内容说明
1	奖励措施	即决定奖励的对象,奖励金额,如对人均寻宝件数最多的部门奖励多少元等
2	寻宝责任区域	即初步确定各个部门寻宝的责任区域
3	约定寻宝标准	寻宝标准也要事先约定,一般而言,是指部门不要的、无用的或无法判断其使用价值的物品
4	约定集中摆放场所	即指定一个或几个摆放不要物品的场所,以便使不要物品的集中摆放
5	约定标示的方法	统一规定对各类物品进行标示的方法
6	寻宝的时间期限	寻宝活动要在短期内突击完成,因此一定要约定一个时间期限
7	安全约定	清理出的物品不一定都是要废弃的东西,所以在决定废弃之前还要注意对物品的保护,以免造成损坏。当然,还应注意保护参与者自己的安全

寻宝活动计划经批准后,要在企业的相关会议、内部局域网、宣传栏等进行传达、沟通和宣传,以营造活动的氛围,激起员工的积极性。

2.寻宝活动的实施

实施寻宝活动就是由各个部门按计划清理出对象物品,统一收集后摆放到公司指定的场所,同时要做好以下工作。

① 用相机对处理前的物品或状态进行拍照,以记录物品的现有状态。

② 对清理出的物品进行分类,并列出清单。清单中应对物品的出处、数量进行记录,并提出处理意见,按程序报相关部门审核批准。

③ 调查物品的出处,要获得使用部门确认,应该是确实不需要的(表4-2)。

表4-2 不要物品处理记录

部门: 　　　　　　　　　年　月　日

物品名称	规格型号	单位	数量	处理原因	所在部门意见	推委会意见	备注

制表:　　　　　　　　　审核:　　　　　　　　　　　　　批准:

3.集中判定和分类处理

待物品集中之后,组织者应及时召集企业高层和相关部门负责人或专家,依据清单到现场对实物进行集中判定,决定物品的处理方法。物品的处理方式如图4-1所示。

推行委员会依据判定的结果,指定相关部门实施处理,在处理过程中也要做好必要的记录,如照相等。

1. 对确实无用的物品予以报废

2. 本部门不需要，而其他部门用得上的，调剂给用得上的部门

3. 对积压的原材料，应尽量与原生产厂家进行协商或降价出售

4. 机械设备可做二手货降价出售，工装、模具应尽量改作他用，无使用价值的当废品卖

5. 对易造成环境污染的不用物品，应交有资质处理的单位处理，防止发生环境污染

图 4-1　物品的处理方式

4.进行账面处理

实际上，寻宝活动中找出来的许多物品是企业的固定资产或库存，有必要在财务上做账面处理。

5.总结表彰

寻宝活动结束后，要对活动的结果进行必要的总结，按照事先约定的标准，选出优秀的部门和个人，并给予表彰和奖励。

二、定点摄影法

爱整洁的人会经常照镜子来整理自己的仪容，因此"照镜子"可以看出自己的是非和缺点。所谓"定点摄影法"，就是利用拍照取代照镜子的功能，在同一地点利用有时间显示的相机，把改善前后的情况摄影下来，并公开展示，让执行者和大家一起来评价，这是一个非常实用方法。

（一）适用活动

定点摄影法主要用于整理、整顿、清扫活动。

（二）怎样进行定点摄影

在地板上画一个点，摄影者站在点上。所摄物体的中心位置也画一个点，摄影时照相机的焦点对准所拍物体上的点（图4-2）。

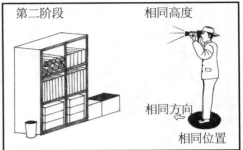
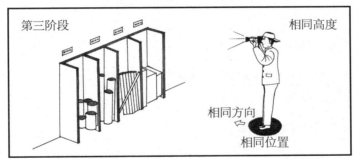

图4-2 定点摄影

（三）定点摄影照片的使用

将改善前后的几张照片冲印出来以后要对它们进行归纳对比，把几张照片一同贴在A4大小的纸上，并对改善前后的状况进行必要的文字描述。

也可以将用定点拍照总结的改善事例展示在5S板报上，这样既可以增强实施改善的员工的成就感，又能很直观地告诉其他员工什么是好的，什么是不好的，增强广大员工的问题意识。

三、红牌作战

红牌作战，指的是在工厂内，找到问题点，并悬挂红牌（红色标签），让大家都明白并积极地去改善,从而达到整理、整顿的目的。

(一)适用活动

红牌作战活动适用于5S活动的全过程。

(二)红牌作战的对象

红牌作战实施对象如下。

① 任何不满足"三定""三要素"要求的。

② 工作场所的不要物。

③ 需要改善的事、地、物,包括超出期限者(包括过期的标语、通告),物品变质者(含损坏物),物品可疑者(不明之物),物品混杂者(合格品与不合格品、规格或状态混杂),不使用的东西(不用又舍不得丢的物品),过多的东西(虽要使用但过多)。

④ 有油污、不清洁的设备。

⑤ 卫生死角。

(三)红牌作战活动开展步骤

红牌作战活动的开展一般按照下面的程序进行。

1. 红牌的印制

红牌的样式如图4-3所示。

问题票

管理编号:		发行人:	
区域或设备名		日期	
问题描述:			
对策结果记录:			
对策人		责任人	

图4-3 红牌的样式

2. 制定活动的实施办法

明确问题及要张贴对象的范围,如红牌适用于指出5S活动中的问题点:现场堆放无用物品,物品摆放不整齐,场地设备脏污,地面、墙面、门窗、桌椅等设施的损坏。

红牌指出的问题应该是具体明确的、能够被解决的,并且解决方法也是具体明确的。

3. 挂红牌

相关部门的人也觉得应该挂红牌时,才能挂。红牌要挂在引人注目的地方,不要让现场的人员自己挂,要理直气壮地挂红牌，不要顾及面子。红牌就是命令，毋庸置疑。挂红牌一定要集中，时间的跨度不可过长，也不要让大家感觉到挂红牌而感到厌烦。

4.挂红牌的对策与评价

也就是对红牌要跟进，一旦对这个区域或这个组，或这个机器挂出红牌，所有的人都应该有一种意识，马上都要跟进，赶上进度，对实施的效果要实施评价，甚至要将改善前后的实际状况拍照下来，作为经验或成果以向大家展示。

（四）对红牌的管理

① 推行委员会首先要确定参与现场巡视和挂红牌的人员，一般来说这些人应该是推进委员会的成员、各部门负责人、5S代表和其他对5S有较好认识的人。不要随意指定某人，或谁有空就由谁参与这项活动，那样是很不严肃的，会对活动带来不良影响。

② 推进委员会在发红牌时，要依据红牌的管理编号进行登记。

③ 发行人在使用红牌时，要对每张问题票进行登录，以使发出去的红牌都有据可查。

④ 被挂红牌的责任人在问题对策完毕后，应将红牌返还发行人，以便于对问题改善的情况进行确认和对活动的成果进行总结（表4-3）。

表4-3　红牌发行回收记录

发行序号	区域场所	问题性质	发行时间	要求完成时间	实际完成时间	5S推行办效果确认				处理意见	发放签收	备注
						按时	延期	是	否			

四、定置管理

定置管理就是把"物"放置在固定的、适当的位置。但对"物"的定置，不是把物拿来定一下位就行了，而是从安全、质量和物的自身特征进行综合分析，以确定物的存放场所、存放姿态、现货表示的定置"三要素"的实施过程，因此要对生产现场、仓库料场、办公现场定置的全过程进行诊断、设计、实施、调整、消除，使之管理达到科学化、规范化、标准化。

（一）定置管理的原则

① 定置管理要符合工艺要求，经过设计、调整生产现场的人、机、环处于最佳状态，以满足工艺流程的需要。
② 定置管理要以安全为前提，做到操作安全、物放稳妥、防护得力、道路畅通、消防方便。
③ 符合环境保护和劳动保护规定标准。
④ 定置管理要贯彻节约的原则，要因地制宜，利用现有条件，少花钱、多办事。
⑤ 定置管理的动态原则，定置物及场所要随着生产、经营的变化而变动。

（二）定置管理的基本要求

① 划清定置管理范围，实行定置管理责任制。
② 物品摆放优化定位。
③ 与生产、工作无关的物品，一律不得摆放在生产、工作场所。
④ 制定室内物品平面定置图。
⑤ 物品要有完整规范的标签、标志。

（三）定置管理准备

① 制作各种容器、器具。
② 制作信息铭牌。
③ 设定清除物存放地。
④ 划分区域界线。

（四）定置管理的实施

① 清除与生产无关的物品。
② 按定置图实行定置。
③ 放置信息铭牌。

（五）定置管理标准化

1.定置物品的分类规定

企业从自己的实际出发，将生产现场的物品分为A、B、C三类，也可分为A、B、C、D四类，以使人们直观而形象地理解人与物的结合关系，从而明确定置的方向。

2.定置管理信息铭牌规定

信息铭牌是放置在定置现场、表示定置物所处状态、定置类型、定置区域的标示牌，应由企业统一规定尺寸、形状、悬挂（摆放）的高低，统一制作，做到标准化。

① 检查现场区域划分的规定。一般分为五个区域：成品、半成品待检区；返修品区；待处理品区；废品区；成品、半成品合格区。

② 检查现场区域标准信息符号。信息符号应简单、易记、鲜明、形象和具有可解释性，如表4-4所示。

表4-4 信息符号说明

图示	说明	图示	说明
□	表示成品、半成品待检区	→	表示返修品区
○	表示待处理品区	×	表示废品区
∨	表示成品、半成品合格区	∨	表示成品、半成品优等品区

3.定置管理颜色标准

颜色在定置管理中一般用于两种场合：一种用于现场定置物分类的颜色标志；另一种用于现场检查区域划分的颜色标志。前者如用红、蓝、白三种颜色表示物品的A、B、C分类；后者如将现场检查区域分别规定其颜色，并涂在标准信息铭牌上。

蓝色表示待检查品区。

绿色表示合格品区。

红色表示返修品区。

黄色表示待处理品区。

白色表示废品区。

4.可移定置物符号标准

可移定置物在定置图中采用标准符号表示法，从而使定置图纸清晰、简练、规范，且可使各部门之间便于简化手续，研究定置情况，如BC表示搬运车；GX表示工具箱；GT表示工作台；WG表示文件柜；MQ表示灭火器。

5.定置图绘制标准

定置图绘制标准的内容如下。

(1)统一规定各种定置图的图幅。

(2)统一规定各类定置物的线型画法,包括机器设备、工位器具、流动物品、工具箱及现场定置区域等。如以表4-5所示。

表4-5 定置物的线型画法表

图示	说明	图示	说明
	表示设备		表示工艺装备
	表示计划补充的设备工装	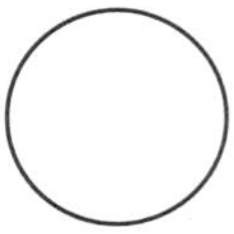	表示风扇
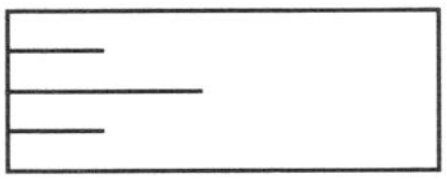	表示存放架	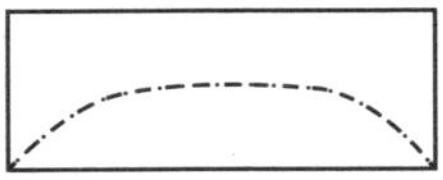	表示容器
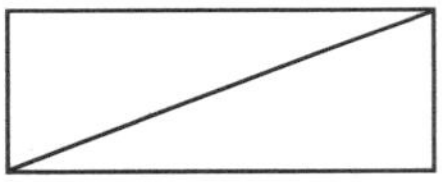	表示平台	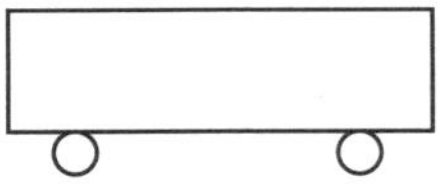	表示活动书架、小车
	表示工具箱、文件柜	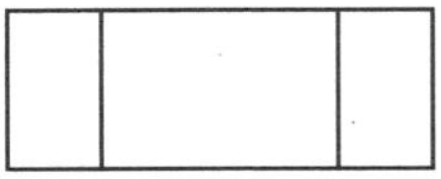	表示办公桌、茶几等
	表示计划补充的工具箱、办公桌等物品	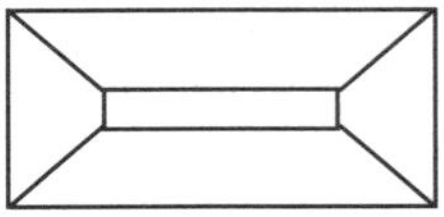	表示散状材料堆放场地
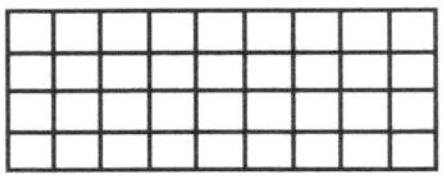	表示铺砖场地		表示工位区域分界线
	表示人行道	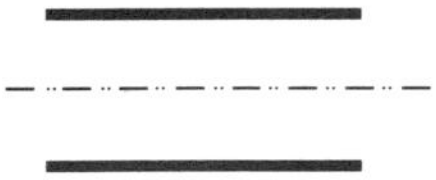	表示铁道
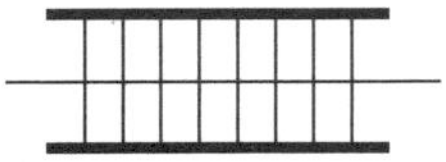	表示台阶、梯子	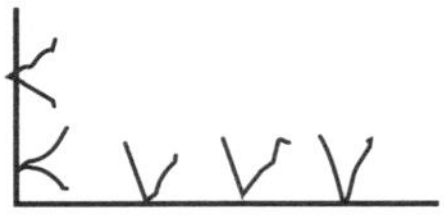	表示围墙

定置图中标准信息符号应加以规定,如现场定置图中的可移动定置物,用信息符号表示后,还要在定置图的明细栏中加以说明。

各种定置图的发放及保存,都须做统一规定。

6. 各种储存容器、器具定置标准

① 各种储存容器、器具中所摆放的物品,应是与生产控制有关的物品;反之均不得摆放。

② 应将各种物品分类,按使用频次排列成合理的顺序,整齐有序地摆放在容器和器具中。使用频次多的物品,一般应放入每层中间且与操作者较近的位置。

③ 物品放好后,依次编号,号码要与定置图的标注相符。做到以物对号,以号对位,以位对图,图、号、位、物相符。

④ 定置图要求贴在容器、器具门内或是合适的表面下。

⑤ 各种容器、器具的层格要保持清洁,无污垢,要按规定的时间进行清洗和整理。

⑥ 操作现场的器具和容器,定置到一定位置后,不得随意挪动。

⑦ 工具箱的结构尽可能做到一致,容器和器具也做到部门内统一。

7. 办公桌定置要求

① 定置时按物品分门别类,分每天用的物品和经常用的物品;物品摆放符合方便、顺手、整洁、美观和提高工作效率的要求。

② 定置图应统一贴在规定的地方。

③ 办公桌中无用的物品清除走。

④ 有用物品编号并标在定置图中,使图、号、位、物相符。

8. 办公椅定置要求

① 人离办公室(在办公楼内或未远离),座位原位放置。

② 人离开办公室短时外出,座位半推进。

③ 人离办公室超过4小时或休息,座位全推进。

9. 文件柜定置要求

① 与工作和生产无关之物彻底清除。

② 文件资料柜的摆放要做到合理、整齐、美观并便于提高工作效率。

③ 各类物品必须编号并注于定置图中,做到号、物、位、图相符。

④ 定置图贴在文件资料柜门扇内。

⑤ 定期进行整理整顿,保持柜内整齐和整洁。

10. 定置物存放标准

① 工件的定置摆放,要按区、按类存放,做到标志与实物相符。

② 工位器具使用合理。

③ 工件摆放做到齐、方、正、直，且符合安全生产要求。

④ 定置物的摆设与定置图相符。

⑤ 信息铭牌放在规定的位置后，不得随意挪动。定置物发生变化时，图、物、区域和铭牌均应做相应调整。

⑥ 定置物必须存放在本区域内，不得放在区域线或隔离围栏外。

11. 设备定置管理标准

包括易损件定置、设备及周围环境卫生、设备检查时间周期、设备操作人员和维修人员的工作标准等要求。设备定置规则如下：

① 设备机台定置图；

② 设备在工序的停滞位置定置；

③ 在设备周围给操作者充足的活动空间；

④ 在设备周围给维修人员充足的活动空间；

⑤ 操作者能安全进出设备放置处；

⑥ 设备配置要符合安全要求；

⑦ 设备作业面的高度要满足操作者运动自如的需要；

⑧ 对设备所有的资料实行定量管理；

⑨ 易损件在容器、零件架上的摆放数量及摆设方式实行定置管理。

12. 安全定置管理标准

这是对易燃、易爆、有毒、污染环境的物品和不安全场所实行的特别定置，其要求如下。

① 存放地的选择及要求，物品储存量和处理地的面积要达到最低值。

② 消防、灭火器的定置要求，使通道畅通无阻，并设专人负责定时检查。

③ 生产现场电源、电路、电气设施的定置要求。

④ 吸烟点的设定及定置要求，休息室应设有烟灰缸，并放在安全可靠处。

⑤ 生产现场精、大、稀设备的重点作业场所和区域的定置。

⑥ 对不安全场所，如建筑、吊物作业、易滑坠落、塌方现场、易发生机械伤人的场所及通道等实行定置。

五、油漆作战

油漆作战就是给地板、墙壁、机械设备等涂上新颜料。将原来的深色涂成明亮的浅色，墙壁的上下部分也涂上不同颜色的涂料。另外，地板上也将信道和作业区域涂成不同颜色，使区域明确划分开来，给老工厂换上宽敞亮丽的新面貌。

（一）油漆作战的几个实施步骤

油漆作战实施步骤如图4-4所示。

图4-4　油漆作战实施步骤

1. 制订油漆作战计划

这一步骤包括以下内容。

① 决定对象区域、刷漆对象等。
② 对处理前的状况进行拍照。
③ 标准的决定，即进行区域、通道的规划，决定用漆的颜色。
④ 工具、材料的准备。
⑤ 参与人员的责任分配。
⑥ 刷漆方法的学习等。

2. 示范区试验

在全面刷漆之前，要选定一个示范区域或示范设备按照事先规定的标准进行实验，其目的是为了确认计划阶段所做的标准是否合适，实验后可在听取多方面意见的基础上进一步完善标准。

3. 油漆作战全面展开

最后，根据修改后的计划，具体安排实施涂刷油漆活动，需注意以下几个问题。

① 选择合适的时间，不要影响生产的正常进行，如可以选择在周六进行。
② 注意在刷漆之前要彻底清洁刷漆对象，刷漆对象上不能有灰尘、油污、铁锈、废渣等杂物。
③ 注意刷漆过程中的安全防范，特别要注意员工接触油漆溶剂过程中的注意事项，严防火灾发生。

4. 活动总结

做好油漆作战前后的对比总结工作，完整显现工作成果，能够起到总结经验和鼓舞人内心的作用。

（二）地板的油漆作战要领

墙壁的涂漆相对来说比较简单，这里主要讲述一下地板刷漆。

1.地板颜色选择

地板要配合用途，利用颜色加以区分。作业区运用作业方便的颜色，休闲区则要用舒适、让人放松的颜色，见图4-5。

通道依据作业区的位置来设立，但其弯位要尽量小。

图4-5　地板颜色

2.画线要点

决定地板的颜色后，接下来是将这些区块予以画线。画线要注意以下几点。

① 通常使用油漆，也可以用有色胶带或压板。
② 从通道与作业区的分界线开始画线。
③ 决定右侧通行或左侧通行（最好与交通规则相同，右侧通行）。
④ 出入口的线采用虚线。
⑤ 对现场中要注意之处或危险区域可画相关标记。

3.区块画线

把通道与作业区的区块划分开的线称为区块画线。通常以黄线表示，也可以用白线。实施要点如下。

图4-6　转角画线效果

① 画直线。
② 要很清楚且醒目。
③ 减少角落弯位。
④ 转角要避免直角。

也就是说，画直线要有一定宽度，转角时要用弯角（图4-6）。

4.出入口线的画线要点

勾画出人能够出入的部分的线，将其称为出入口线。用黄线标示，不可踩踏。

画线要点如下。

① 区块勾画线是实线，出入口线是虚线。

② 出入口线提示确保此场所的安全。

③ 彻底从作业者的角度考虑来设计出入口线。

出入口画线效果如图4-7所示。

搬运工具或台秤等是要经常搬出搬进的，所以要有出入口标志

图4-7　出入口画线效果

5.通道线的画线要点

首先要决定是靠左或靠右的通行线。最好与交通规则相同，靠右通行。画线要点如下。

① 黄色或白色且有箭头。

② 在一定间隔处或是角落附近，不要忘记楼梯处（图4-8）。

表示上楼梯、下楼梯的箭头完全与交通规则相符

图4-8　楼梯的画线

6."老虎标记"的画线要点

"老虎标记"是黄色与黑色相间的斜纹所组成的线,与老虎色相似,所以称为"老虎标记"。

需画"老虎标记"的地方有:往通道的瓶颈处、脚跟处、横跨通道处、阶梯、电气感应处、起重机操作处、头上有物处、机械移动处。

画线要点如下。

① "老虎标记"要能够很清楚地看到。可用油漆涂上或贴上黑黄相间的"老虎标记"胶带。

② 通往通道的瓶颈处要彻底地修整使之畅通。

黄色与黑色相间的斜纹所组成的线

图4-9 "老虎标记"的画线

7.置物场所线的画线要点

放置物品的地方称作放置场所。标示放置场所的标线即是置物场所线。要特别把半成品或作业台等当作画线对象。画线要点如下。

① 清理出半成品等的放置场所。

② 清理出作业台、台车、灭火器等的放置场所。

③ 明确各区域画线的颜色、宽度和线型,如表4-6所示。

表4-6 某工厂各区域画线的颜色、宽度和线型

类别	区域线		
	颜色	宽度/毫米	线型
待检区	蓝色	50	实线
待判区	白色	50	实线

续表

类别	区域线		
	颜色	宽度/毫米	线型
合格区	绿色	50	实线
不合格区、返修区	黄色	50	实线
工位器具定置点	黄色	50	实线
物料、产品临时存放区	黄色	50	虚线

六、标志大行动

标志大行动就是明确标示出所需要的东西放在哪里（场所）、什么东西（名称）、有多少（数量）等，让任何人都能够一目了然的一种整顿方法。

（一）标志的主要对象

标志的主要对象是库存物品和机器设备。在工厂中要贴标志的东西很多，但不能胡乱地给所有物品都贴上标志，以使全厂每个角落都贴满小标牌。当所做的标志没有起到作用时，就不要随意标示。但如果涉及需要归位的物品，一定要做标志。

（二）标志行动的操作步骤

1.确定放置区域

红牌作战结束后，物品变少了，场地变宽敞了，这就需要对一些产品的生产工艺流程进行相应的改进；对现有的机器设备进行重新调整；对物品的放置区域进行重新规划等。而且要将必需的物品合理地布置在新的区域内。此时，要把使用频率高的物品尽量放置在离工作现场较近的地方或操作人员视线范围内；使用频率低的物品放置在离工作现场较远的地方。另外，把易于搬动的物品放在肩部和腰部之间的位置；重的物品放置在货架的下方；不常用的物品和小的物品放在货架的上方。确定放置区域并标示如图4-10所示。

2.整顿放置区域

确定了放置区域后，接下来就是要把经过整理后的必需物品，放置到规定的区域和位置，或摆放到货架上、箱子里和容器内。在摆放过程中，要

图4-10 确定放置区域并标示

注意不要物品重叠地堆放在一起。

3. 位置标志

当人们问"把物品放在哪里"或者"物品在哪里"时，这个"哪里"可用"位置标志"或者"区域编号"来表达。如某物品在C区；某物品在成品区等。位置的标示方法主要有如下两种。

（1）垂吊式标志牌

垂吊式标志牌适用于大型仓库的分类片区、钢架或框架结构的建筑物，标志牌吊挂在天花板或者横梁下。

（2）门牌式标志牌

这种标志牌适用于货架、柜子等的位置标示。货架或柜子的位置标示包括：表示所在位置的地点标示、表示横向位置的标示和表示纵向位置的标识。需要注意的是，纵向位置的标示要从上到下用1～3来表示。此外，表示货架或柜子所在位置的牌子应与架子或柜子的侧面垂直，这样站在通道上就可看到牌子上所标示的内容。如果张贴在货架的端面，那么只有走到牌子跟前才能看清，这样效果就会大打折扣。

位置标志牌如图4-11所示。

图4-11 位置标志牌

4. 品种标志

一个仓库里往往放有很多不同品种的物品，即便物品的品种相同，但规格也各有不同，如何在位置区域确定之后进行区分呢？这就要进行品种标志品种标志分为物品分类标志和物品名称标志两种。

（1）物品分类标志（图4-12）

按货架上放置物品的类别来进行标示，如轴承类、螺栓类、办公用品类等。标志牌可贴（挂）在货架的端面和放在货架的上方。

标志牌挂在货架的端面，字体规范打印，清楚明白

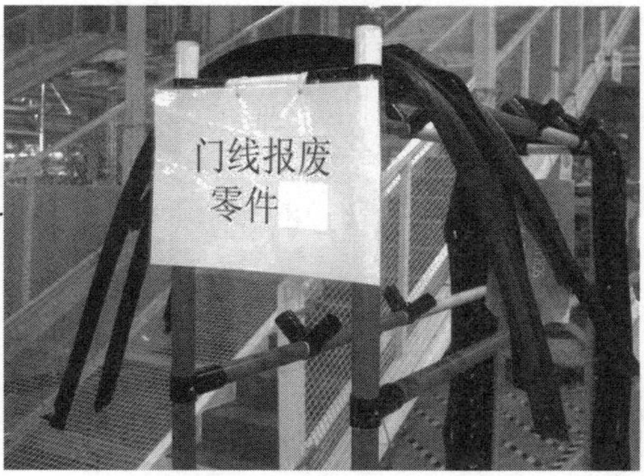

图4-12 物品分类标志

（2）物品名称标志（图4-13）

物品的名称标志可贴在放置物品的容器上或货架的横栏上。对一些放置在区域内的大宗物品，可采用立式移动标示牌进行标示。

名称、型号、数量一目了然

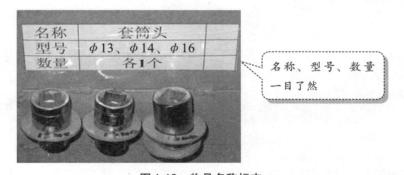

图4-13 物品名称标志

5.数量标志

如果不规定库存的数量，就会使库存数量不断地增加，造成积压，影响资金周转。限制库存最好的办法就是要根据生产计划来采购物品，留有合理的库存。合理的库存可通过颜色整顿的方法来进行：规定用红线表示最大库存量，绿线为订货库存量，黄线为最小库存量等。当到达绿线时，仓管员可立即通知采购部下单采购，这样就可一目了然了。

6.设备标志

现代工业生产离不开设备，因此设备的运转好坏，直接影响生产的正常运行和企业的经济效益。设备标志是设备管理的有效方法之一，其标志对象和方法主要有以下几种。

① 设备名称标志。

② 液体类别标志。
③ 给油缸液面标志。
④ 点检部位的标志。
⑤ 旋转方向标志。
⑥ 压力表正常异常标志。
⑦ 流向标志。
⑧ 阀门开闭标志。
⑨ 温度标志。
⑩ 点检线路标志。
⑪ 使用状态标志等。

机器的开关状态标志如图4-14所示。管道中气体或液体流向颜色标志如图4-15所示。

图4-14　机器的开关状态标志

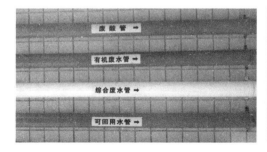 

图4-15　管道中气体或液体的流向颜色标志

（三）标志的统一

机器、物品的标志其实就是一张小看板，表面上感觉很简单，其实标志也非常讲究。因为工厂需要标志的物品、机器实在太多，如果标志没有统一的标准，时间长了会有一种让人眼乱心烦的感觉。一定要在一开始就做好标志的统一规定，不要等做完了以后才发现问题再重新来做，这样会浪费很多的时间和金钱。

1. 标志的材料

标志会随着时间的变迁而氧化或变化，字迹、颜色和粘贴的胶水等也会渐渐脱落，有时还会因某种原因在一个地方而标志多次。所以，要针对场所、位置、物品等选用不同材料，使之恒久和容易维护。标志常用的材料如表4-7所示。

表4-7 标志常用的材料

材料	适用位置	效用	维护方法
纸类	普通物品，人或物接触机会少的地方	比较容易标志和方便随时标志	在纸张上涂一层胶，防止接触或清洁造成损坏
塑胶	场所区域的标志	防潮、防水、易清洁	阳光的照射会使胶质硬化、脆化、变色，尽量避免阳光照射
油漆	机械设备的危险警告和一些"小心有电"等位置	不容易脱落，保持时刻提醒作用，且易清洁	定期翻新保养
其他	用于一些化学物品和防火物（如逃离火警的方向指示牌等）	防火和防腐蚀物	保持清洁

2. 标志的规格

标志的大小规格能直接影响到整体美观，如在两个大小一样的货架上，货架A的标志很大，货架B的标志很小，让人看了会很不舒服。

3. 标志的字体

标志的文字最好是使用打印出来的，不要手写，这样不但容易统一字体和大小规格，而且比较标准和美观（图4-16）。

图4-16 物品存放地标志

4. 标志的粘贴

标志必须要粘贴好，特别是一些危险、警告等的标志，并且要经常检查是否有脱落现象。有时可能会因某个标志的脱落而导致严重的错误发生。

5. 标志的颜色

标志的颜色要使用恰当，否则很容易造成误会，颜色要比文字醒目，不需要看清文字便知大概意思，所以颜色也必须统一。

6. 标志用词规定

标志的用词也需要予以规定，对于一些如"临时摆放"的标志，必须规定该标志的使用时间，有些员工把"临时摆放"标志摆放了整个月，还是临时摆放着。再如一些"杂物柜"的标志，字面的范围太广，什么东西都可以往里面放，这样就成了所有不要物品的"避风港"了，所以要想办法控制这类标志的使用。

某企业 5S 活动标识牌样板

1. 设备标志牌样板

2. 回收油标志牌样板

3. 自制货架标志牌（大中型架）

4. 管道标志牌样板

5. 设备色彩管理样板

6. 设备风险警告标志样板

7. 关键控制工序标志牌样板

8. 样板区域标志牌

9. 定制工具架、模具架标志牌（小型架）

9S 活动样板区
×××车间
责任人：×××
活动期间：2011.04～2012.05

机加车间铣床组·1#工具架
责任人：张三
类　别：（1）图纸、量具（第一层）
（2）工具、用品（第二层）
（3）已加工零件（第三层）
（4）待加工零件（第四层）

10.定制工具柜、物品柜标志牌（柜门左上角）

机加车间铣床组·1[#]工具柜
责任人：李五
类　别：（1）资料用品
（2）常用工具、量具
（3）加工刀具
（4）劳保用品

11.工具/物品定点标志牌（数量变动时）

品名		规格	
最大库存			
安全库存			
备注			

品名		规格	
最大库存		备注	
安全库存			

（1）资料用品-1			
品名	修正液	规格	极细型
安全库存	2支	最大库存	5支

12.工具/物品定点、定量标志（数量固定时）

品名		规格	
数量		备注	

（2）常用工具-1			
品名	挑口钳	规格	6[#]
数量		3把	

另外，涉及安全标志和警示标语、图片的一律按照集团与公司有关安全方面的统一的标志要求进行管理，相关标准请参考集团和公司安全统一文件，或者国家有关标准、法律法规等。

以上规定可根据各单位具体情况调整。一些只需标示名称的简单场合应自行打印制作，要求醒目美观、本单位范围内统一。

七、目视管理

目视管理是利用形象直观、色彩适宜的各种视觉感知信息来组织现场生产活动，达到提高劳动生产率目的的一种管理方式（图4-17）。

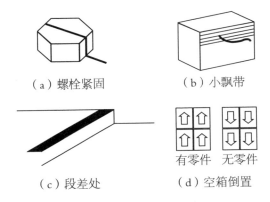

（a）螺栓紧固　　（b）小飘带

（c）段差处　　（d）空箱倒置

图4-17　目视管理示意

（一）目视管理三种水平

① 初级水平：能明白现在状态。
② 中级水平：谁都能判断正常与否。
③ 高级水平：管理方法（异常处置）也都明确。

以下以图示的形式来说明这三种水平（图4-18）

（二）目视管理的主要工具

1. 红牌

红牌，适宜于5S中的整理，是改善的基础起点，用来区分日常生产活动中非必需品，挂红牌的活动又称为红牌作战。

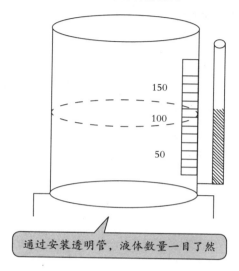
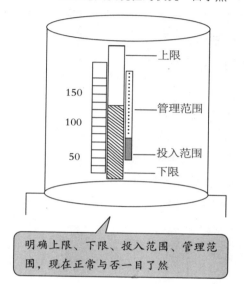
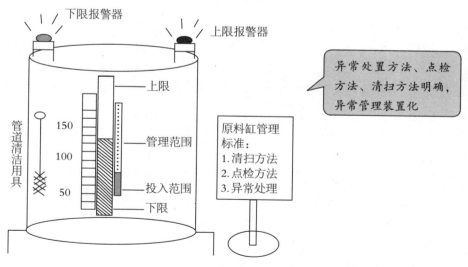

图4-18 目视管理三种水平图示

（图中数值单位为厘米）

2. 看板

用在5S的看板作战中，使用的物品放置场所等基本状况的表示板。它的具体位置在哪里，做什么，数量多少，谁负责，甚至谁来管理等重要的项目，让人一看就明白。因为5S的推动，它强调的是透明化、公开化，因为目视管理有一个先决的条件，就是消除"黑箱"作业。

3. 信号灯或者异常信号灯

在生产现场，第一线的管理人员必须随时知道，作业人员或机器是否在正常地开动，是否在正常作业，信号灯是工序内发生异常时，用于通知管理人员的工具。

信号灯的种类如下。

（1）发音信号灯

适用于物料请求通知，当工序内物料用完时，或者该供需的信号灯亮时，扩音器马上会通知搬送人员立刻及时地供应，几乎所有的工厂的主管都一定很了解，信号灯必须随时让它亮，信号灯也是在看板管理中的一个重要的项目。

（2）异常信号灯

用于产品质量不良及作业异常等场合，通常安装在大型工厂的较长的生产、装配流水线。

一般设置红或黄两种信号灯，由员工来控制。当发生零部件用完，出现不良产品及机器的故障等异常时，往往影响到生产指标的完成，这时由员工马上按下红灯的按钮，等红灯一亮，生产管理人员和厂长都要停下手中的工作，马上前往现场，予以调查处理，异常被排除以后，管理人员就可以把这个信号灯关闭，然后继续维持作业和生产。

（3）运转指示灯

检查显示设备状态的运转、机器开动、转换或停止的状况。停止时还显示它的停止原因。

生产车间内的信号灯如图4-19所示。

（4）进度灯（图4-20）

它是比较常见的，安在组装生产线，在手动或半自动生产线，它的每一道工序间隔大概是1~2分钟，用于组装节拍的控制，以保证产量。进度灯一般分为10分。对应于作业的步骤和顺序，标准化程序，它的要求也比较高。

（5）警示灯

警示灯是用灯光色彩表示某种状态的发光器具，常用的有信号灯、指示灯、报警灯等，主要用途是将现场的异常情况通知给管理者或监视人员。警示灯通常用不同颜色的灯光表示特定的意思。

信号灯有绿、黄、红三种颜色，不同颜色显示不同的状态

绿色：正常运行
黄色：等待运行
红色：故障停机
不管是谁，远远一看就知道设备处在什么状态

图4-19　生产车间内的信号灯

目标产量、实际产量及差异都一目了然

图4-20　进度灯

红灯：表示情况危急或停止状态。
绿灯：表示情况允许或正常稳态。
黄灯：表示有异常情况，需要引起注意或尽快采取措施。
白灯：一般表示检验状态，较少用。
蓝灯：表示特殊控制状态，一般专门使用。
灯灭：表示警示系统停止工作或故障。

4.操作流程图

操作流程图本身是描述工序重点和作业顺序的简明指示书，也称为步骤图，用于指导生产作业。在一般的车间内，特别是工序比较复杂的车间，在看板管理上一定要有个操作流程图（图4-21和图4-22）。原材料进来后，第一个工序可能是签收，第二个工序可能是点料，第三个工序可能是转换，或者转制，这就叫操作流程图。

图4-21　某企业的SMT生产流程简介

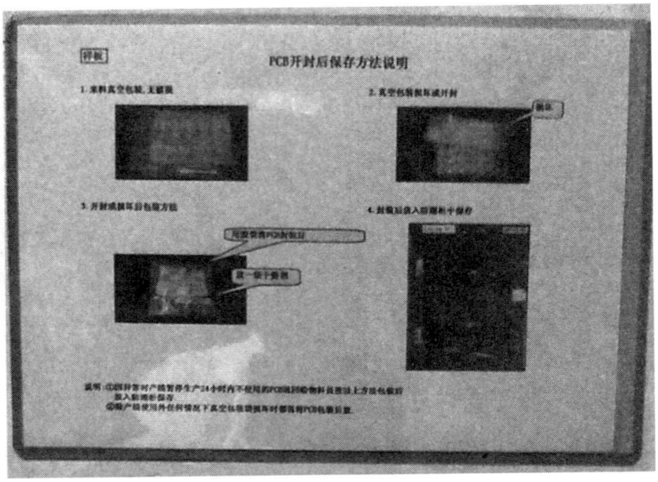

图4-22　某个产品的使用说明以图文的形式贴在看板上

5.反面教材

反面教材一般结合现物和柏拉图进行表示，就是让现场的作业人员明白，也知道其不良的现象及后果。反面教材一般放在人多的显著位置，让人一看就明白，错在哪里。

6.提醒板

提醒板用于防止遗漏。健忘是人的本性，不可能杜绝，只有通过一些自主管理的方法来最大限度地尽量减少遗漏或遗忘。比如有的车间内的进出口处有一块板子，上面写着今天有多少产品要在何时送到何处，或者什么产品一定要在何时生产完毕；或者有领导来视察，或者下午两点钟有一个检查，这些都统称为提醒板。一般来说，用纵轴表示时间，横轴表示日期，纵轴的时间间隔通常为1个小时，一天用8个小时来区分，每个小时，就是每一个时间段记录正常、不良或者次品的情况，让作业者自己记录。提醒板一个月统计一次，在每个月的例会中总结，与上个月进行比较，看是否有进步，并确定下个月的管理事项，这是提醒板的另一个作用。

7. 区域线

区域线就是对半成品放置的场所或通道等区域，用线条把它画出，主要用于整理与整顿，异常原因，停线故障等，用于看板管理。

8. 警戒线

黄色的警戒线通常用来表示某种特定区域或提示该处所的异常、有危险，要求工作人员提高警惕性，谨慎作业。

① 生产运作警界区：表示该区域不能擅自进入。

② 物料放置区域界限：提醒工作人员摆放物品时不要越界。

③ 安全警戒线：提示进入该区域的工作人员要特别注意安全。

9. 红色禁止

红色表示禁止，即工作人员的活动、行为或生产中的某种状态等到此为止，不能再继续下去。常用的表示类别如下。

① 不符合要求的任何物品或状态。

② 最大（小）极限标志，如高度、重量、长度等极限量（图4-23）。

③ 封锁或禁止使用的区域、物品。

④ 被隔离的区域。

⑤ 存在危险的区域。

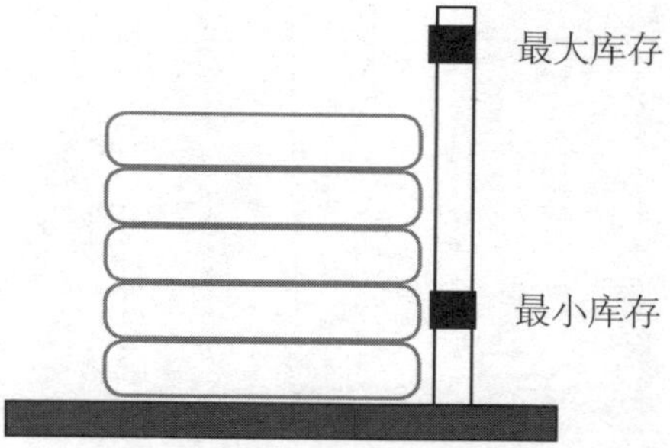

图4-23　最大库存和最小库存的示意

10. 告示板

告示板（图4-24）是一种及时管理的道具，也就是临时公告，将大家都知道的事情公告出来，比方说今天下午两点钟开会，提醒大家都要来参加。

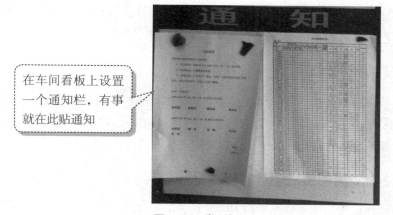

在车间看板上设置一个通知栏，有事就在此贴通知

图4-24　告示板

11. 生产管理看板

生产管理看板是揭示生产线的生产状况、进度的表示板，记入生产实绩、设备开动率、异常原因（停线、故障）等（图4-25），用于看板管理。根据计算和数据的品质管理，按照产生质量问题的原因以及发生频数制成不良品柏拉图。如果数字过多，现场人员不能立即了解，可以使用现有的不良品，展示不良品柏拉图。

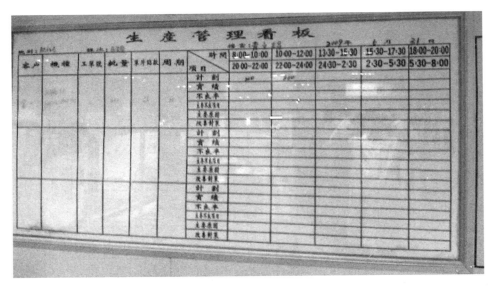

图4-25 某企业的生产管理看板

八、看板行动

看板管理是将希望管理的项目（信息）通过各类管理板揭示出来，使管理状况众人皆知的管理方法。如在流水线头的显示屏上，随时显示生产信息（计划台数、实际生产台数、差异数），使各级管理者随时都能把握生产状况。

（一）看板的形式

在生产管理中使用的看板形式很多。常见的有塑料夹内装着的卡片或类似的标志牌，运送零件小车、工位器具或存件箱上的标签，指示部件吊运场所的标签，流水生产线上标着各种颜色的小球或信号灯、电视图像等。

（二）不同管理层次使用的管理看板

不同管理层次使用的管理看板不同，如表4-8所示。

表4-8 不同管理层次使用的管理看板

区分	公司管理看板	部门车间管理看板	班组管理看板
责任主管	高层领导	中层管理干部	基层班组长
常用形式	·各种ERP系统 ·大型标语/镜框/现况板	标语/现况板/移动看板/图表/电子屏	现况板/移动看板/活动日志/活动板/图表
项目内容	·企业愿景或口号 ·企业经营方针/战略 ·质量和环境方针 ·核心目标指标 ·目标分解体系图 ·部门竞赛评比 ·企业名人榜 ·企业成长历史 ·员工才艺表演 ·总经理日程表 ·生产销售计划	·部门车间口号 ·公司分解目标指标 ·费用分解体系图 ·PQCDSM月别指标 ·改善提案活性化 ·班组评比 ·目标考核管理 ·部门优秀员工 ·进度管理广告牌 ·部门生产计划 ·部门日程表	·区域分摊图/清扫责任表 ·小组活动现况板 ·设备日常检查表 ·定期更换板 ·工艺条件确认表 ·作业指导书或基准 ·个人目标考核管理 ·个人生产计划 ·物品状况表

（三）不同管理内容的常见看板

看板是将希望管理的项目（信息）通过各类管理板揭示出来，使管理状况众人皆知。不同管理内容的常见看板见表4-9。

表4-9 不同管理内容的常见看板

序号	管理项目	看板	使用目的
1	工序管理	进度管理板	显示是否遵守计划进程
		工作安排管理板（作业管理板）	在各个时间段显示哪台设备由何人操作及工作顺序
		负荷管理板	一目了然地表示出哪些部分的负荷情况如何
		进货时间管理板	明确进货时间
2	现货管理	仓库告示板	按不同品种和放置场所分别表示
		库存显示板	不同型号、数量的显示
		使用中显示板	明确区分使用状态
		长期在库显示板	

续表

序号	管理项目	看板	使用目的
3	作业管理	考勤管理板	每个人对全员状况一目了然，以相互调整和维持各人所具有能力的平衡
		作业顺序板	在推动作业基础上明确标示必要的顺序和作业要点，以确保质量安全等
		人员配置板	
		刃具交换管理板	在各机器上标示下次刃具交换的预定时间
4	设备管理	动力配置图	明确显示动力的配置状况
		设备保全日历	明确设备的计划保全日
		使用中显示板	记录下异常，将故障内容制成一览表
5	质量管理	管理项目 管理基准显示板	将由作业标准转记的管理项目和管理标准显示面板贴在醒目的位置
		故障管理板	发生故障时的联络方法，暂时处理规定
		不良揭示板	不良再次发生及重大不良实物的展示
6	事务管理	日历箱（交货期管理箱）	清楚明了交货期
		去向显示板	将成员的去向和联络方法标明
		心情天气图	员工的出勤状况和心情显示在其上，让大家一目了然，可以相互给予照顾
		车辆使用管理板	车辆的去向和返回时间等使用状况一目了然
7	士气管理	小团队活动推进板	小团队制成各种不同题目的状态表
		工序熟练程度提示板	对成员的技能进行清楚显示
		娱乐介绍板	制造开心一刻的氛围
		新职员介绍角	新伙伴的介绍

（四）看板的设计

看板并不是随心所欲地使用，要使其达到应有的目的，是需要经过精心设计的，以下列举一些企业常用的看板图例供在实际中选择运用。

看板设计示例

1. 车间管理看板示例

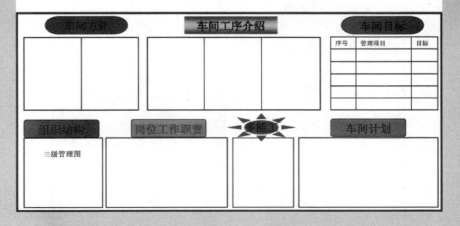

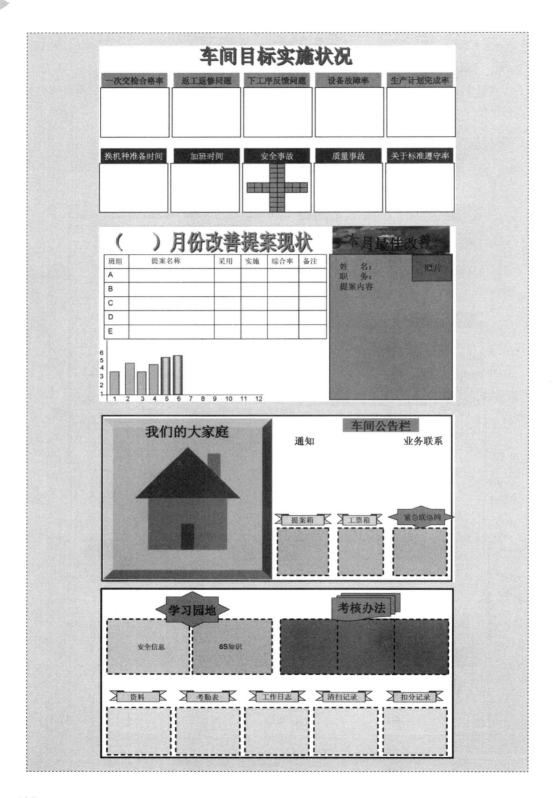

2.部门管理看板

_____部门管理看板

部门方针	部门目标	工作计划		公告栏
		年度	月度	

组织结构	岗位职责	进度管理					
3级管理图		序号	项目名称	负责人	完成期限	进度	备注

联系方式	人员去向			
	姓名	地点	时间	

会议室管理看板

日期：_____

序号	会议名称	一	二	三	四	五	六	日	备注

培训室管理看板

日期：_____

序号	培训名称	一	二	三	四	五	六	日	备注

第五章
现场1S（整理）的实施

导 读

　　整理就是要将必需品与非必需品区分开，在岗位上只放置必需品，将不需要使用的物品清出工作场所，其目的是把"空间"腾出来活用。

学习目标

　　1.了解整理的作用和实施要领。
　　2.掌握整理的步骤及操作方法，透过整理的具体实例来实际应用于本企业的整理活动中，掌握不要物的处理程序并根据本企业情况制定个性化的处理程序。

学习指引

序号	学习内容	时间安排	期望目标	未达目标的改善
1	整理的作用			
2	整理的实施要领			
3	整理的步骤			
4	整理的具体实例			
5	不要物的处理程序			

一、整理的作用

（一）整理有以下作用

① 可以使现场无杂物、通行顺畅，增大作业空间，提高工作效率。
② 减少碰撞，保障生产安全，提高产品质量。
③ 消除混料差错。
④ 有利于减少库存、节约资金。
⑤ 使员工心情舒畅、工作热情高涨。

（二）因缺乏整理而产生的各种常见的浪费

① 空间浪费。
② 零件或产品因过期而不能使用，造成资金浪费。
③ 场所狭窄，因不断移动物品而造成浪费。
④ 管理非必需品的场地和人力浪费。
⑤ 库存管理及盘点时间的浪费。

二、整理的实施要领

（一）明确什么是必需品

所谓必需品，是指经常使用的物品，如果没有它，就必须购入替代品，否则将影响正常的工作。

非必需品可分为两种：一种是使用周期较长的物品，如一个月、三个月甚至半年才使用一次；另一种是对目前的生产或工作无任何作用的、需要报废的物品，如已不再生产的产品的样品、图纸、零配件、生产设备等。

一个月使用一至两次的物品不能称为经常使用的物品，而应称为偶尔使用的物品。

必需品和非必需品的区分及处理方法如表5-1所示。

表5-1　必需品和非必需品的区分及处理方法

类别	使用频度	处理方法	备注
必需品	每小时	放工作台上或随身携带	
	每天	现场存放（工作台附近）	
	每周	现场存放	

续表

类别	使用频度		处理方法	备注
非必需品	每月		仓库储存	
	三个月		仓库储存	定期检查
	半年		仓库储存	定期检查
	一年		仓库储存（封存）	定期检查
	两年		仓库储存（封存）	定期检查
	未定	有用	仓库储存	定期检查
		不需要用	变卖/废弃	
		不能用	废弃/变卖	

（二）增加场地前必须先进行整理

好不容易将工厂清理干净，如果还将不需要的物品也整齐摆放在一起的话，就有可能会弄不清楚需要的物品为哪些，甚至会因为放置了不必要的物品而放不下必需品。

所以，当场地不够时，管理者不应先考虑扩大场地，而是要先整理现有的场地，也许会有很大的空间。

三、整理的步骤

（一）现场检查

企业要组织人员对工作现场进行全面检查，包括看得见和看不见的地方，如设备的内部、文件柜的顶部、桌子底部等位置。

（二）区分必需品和非必需品

管理必需品和清除非必需品同样重要。管理者先要判断出物品的重要性，然后根据其使用频率决定管理方法，如清除非必需品，用恰当的方法保管必需品，使其便于寻找和使用。对于必需品，许多人总是混淆客观"需要"与主观"想要"的概念，他们在保存物品方面总是采取一种保守的态度，即"以防万一"的心态，最后将工作场所几乎变成了"杂物馆"。所以，管理者区分"需要"还是"想要"是非常关键的。

（三）清理非必需品

清理非必需品时，把握的原则是看物品现在有没有使用价值，而不是原来的购买价值，同时还要注意以下物品。

① 货架、工具箱、抽屉、橱柜中的杂物，过期的报纸杂志，空罐，已损坏的工具、器皿。

② 仓库、墙角、窗台、货架、柜顶上摆放的样品、零件等杂物。

③ 长时间不用或已经不能使用的设备、工具、原材料、半成品、成品。

④ 办公场所、桌椅下、看板上的废旧文具，过期的文件、表格、数据记录等。

（四）每天循环整理

整理是一个永无止境的过程。现场每天都在变化，昨天的必需品在今天可能就是多余的，而今天的需求与明天的需求也会有所不同。所以，整理贵在"日日做、时时做"，如果只是偶尔突击一下，做做样子，那么就失去了整理的意义。

四、整理的具体实例

整理的具体实例如表5-2所示。

表5-2　整理的具体实例

整理措施	物品或现象
丢弃无使用价值的物品	（1）不能使用的旧手套、破布、砂纸 （2）损坏了的钻头、磨石 （3）断了的锤、套筒、刃具等工具 （4）精度不准的千分尺、卡尺等测量工具 （5）不能使用的工装夹具 （6）破烂的垃圾桶、包装箱 （7）过时的报表、资料，停止使用的标准书 （8）枯死的花卉 （9）无法修理好的器具、设备，过期、变质的物品
不使用的物品不要	（1）目前已不生产的产品的零件或半成品 （2）已无保留价值的试验品或样品 （3）多余的办公桌椅 （4）已切换机种的生产设备 （5）已停产产品的原材料
多余的装配零件不要	（1）没必要装配的零件 （2）能共通化的尽量共通化 （3）设计时，从安全、品质、操作方面考虑，能减少的尽量减少

续表

整理措施	物品或现象
造成生产不便的物品不要	（1）取放物品不便的盒子 （2）为搬运、传递而经常要打开或关上的门 （3）让人绕道而行的隔墙
不良品与良品分开摆放	（1）设置不良品放置场所 （2）规定不良品的标识方法，一目了然 （3）规定不良品的处置方法、处置时间和流程
减少滞留，谋求物流顺畅	（1）工作岗位上只能摆放当天工作的必需品 （2）工作场所不能被零件或半成品塞满 （3）工作通道或靠墙的地方不能摆满卡板或推车

五、不要物的处理程序

（一）处理方法

对于贴了非必需品红牌的物品，企业必须一件一件地核实实物和票据，确认其使用价值。若经判定，某物品被确认为有用，那么就要揭去非必需品红牌；若该物品被确认为非必需品，则应该决定具体的处理方法，并填写"非必需品处理表"。一般来说，处理非必需品有以下几种方法。

1. 改用

将材料、零部件、设备、工具等改用于其他项目，或交给其他需要的部门。

2. 修理、修复

对不良品或故障设备进行修理、修复，恢复其使用价值。

3. 作价卖掉

① 由于销售、生产计划或规格变更，使得购入的设备或材料等物品用不上，对这些物品，可以考虑和供应商协商退货或者（以较低的价格）卖掉，以回收货款。

② 若该物品有使用价值，但可能涉及专利或企业商业机密，应按企业具体规定进行处理；若该物品只是一般废弃物，在经过分类后可将其出售。

③ 若该物品没有使用价值，可根据企业的具体情况进行折价出售，或作为培训、教育员工的工具。

4. 废弃处理

对那些实在无法发掘其使用价值的物品，必须及时实施废弃处理，要在考虑环境影响的基础上，从资源再利用的原则出发对其进行处理，如通过专业公司回收处理等。非必需品处理流程如图5-1所示。

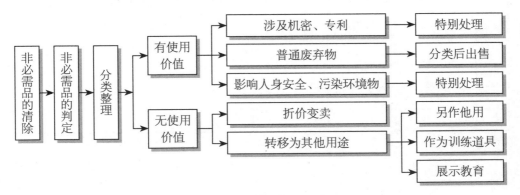

图5-1　非必需品处理流程

（二）建立一套非必需品废弃的程序

为保持整理活动的成果，企业最好建立一套对非必需品进行废弃申请、判断、实施及后续管理的程序和机制。建立物品废弃的申请和实施程序就是通过制定标准，明确物品废弃的提出、审查、批准和处理办法，给整理工作的实施提供制度上的保证。

一般来说，非必需品废弃的申请和实施程序必须包括以下内容。

① 物品所在部门提出废弃申请，填写处理清单（表5-3和表5-4）。

② 技术或主管部门确认物品的利用价值。

③ 相关部门确认再利用的可能性。

④ 财务等部门确认。

⑤ 高层负责人做最终的废弃处理认可。

⑥ 由指定部门实施废弃处理，填写废弃单，保留废弃单据备查。

⑦ 由财务部门做账面销账处理。

表5-3　非必需品处理清单

序号	非必需品名称	规格	数量	参考价格	存放地	判定	处置

表5-4　不要物处理申报清单

序号	物品名称	型号规格	数量	不用原因	部门处理意见	总经理处理意见	备注

申报人：　　　　　　申报部门主管审查：　　　　　　总经理核准：

第六章
现场2S（整顿）的实施

导 读

整顿就是将必需品按照定位、定量的规则摆放整齐，明确标示，其目的是省去寻找物品的时间，使工作场所的物品一目了然。

学习目标

1. 了解整顿的作用、整顿的实施要领、整顿的原则。
2. 掌握实施整顿的步骤及其操作方法，掌握作业现场整顿的具体执行标准并根据本企业的实际情况予以实施。

学习指引

序号	学习内容	时间安排	期望目标	未达目标的改善
1	整顿的作用			
2	整顿的实施要领			
3	整顿的原则			
4	实施整顿的步骤			
5	作业现场整顿的具体执行标准			

一、整顿的作用

图6-1 整顿前后的对比

（一）整顿有以下作用

① 提高工作效率。
② 将寻找物品的时间减少为零。
③ 异常情况（如丢失、损坏）能马上发现。
④ 非担当者的其他人员也能明白要求和做法。
⑤ 不同的人去做，结果是一样的（已经标准化）。

整顿前后的对比如图6-1所示。

（二）因没有整顿而产生的浪费

① 寻找时间的浪费。
② 停止和等待的浪费。
③ 因认为没有而多余购买所造成的浪费。
④ 因计划变更而造成的浪费。
⑤ 因交货期延迟而造成的浪费。

二、整顿的实施要领

（一）彻底地进行整理

① 彻底地进行整理，只留下必需品。
② 在工作岗位只能摆放最低限度的必需品。
③ 正确判断出是个人所需品还是小组共需品。

（二）确定放置场所

① 进行布局研讨，讨论物品放在岗位的哪一个位置比较方便。
② 将经常使用的物品放在工段的最近处。
③ 对于特殊物品、危险品，设置专门场所进行保管。
④ 物品放置100%定位。

（三）规定摆放方法

① 按产品的规格或种类区分放置。

② 摆放方法各种各样，如架式、箱内、工具柜、悬吊式等，各个岗位提出各自的想法。

③ 尽量立体放置，充分利用空间。

④ 便于先进先出。

⑤ 平行、直角、在规定区域放置。

⑥ 堆放高度应有限制，一般不超过1.2米。

⑦ 对于容易损坏的物品，要分隔或加防护垫保管，防止碰撞。

⑧ 做好防潮、防尘、防锈措施。

（四）进行标识

① 采用不同色的油漆、胶带、地板砖或栅栏划分区域。

② 在摆放场所标明所摆放的物品。

③ 在摆放的物体上进行标志。

④ 根据工作需要灵活地采用各种标识方法。

⑤ 标签上要进行标明，一目了然。

⑥ 某些产品要注明储存或搬运的注意事项以及保养的时间和方法。

⑦ 暂放产品应挂暂放牌，并指明管理责任、时间跨度。

⑧ 标识100%实施。

三、整顿的原则

（一）定点

定点也称定位，是指根据使用频率和使用的便利性，确定物品的放置场所。使用频率高的物品应放置在距离工作场地较近的地方，具体内容如表6-1所示。

表6-1 不同物品的定位方法

序号	物品	定位方法
1	原材料、半成品、成品	在工序附近划分明确的摆放区域，在遵循"先进先出"原则的前提下，分类摆放这些物品
2	机械设备和工作台	在不移动的情况下，可不用画定位线；对需要移动的机械设备或工作台，需要画定位线
3	各类工具	使用频率高的工具，可依其形状画出外形轮廓并定位，便于拿取和存放

续表

序号	物品	定位方法
4	实验仪器设备	在摆放架或存放区划分明确的摆放区域，明确标识，进行分区域定位存放
5	办公文件	首先将文件按不同的类别装入不同文件夹，然后以斜线进行定位

图6-2 叉车定容

（二）定容

定容是指确定放置物品位置的空间大小。所选择容器的大小和材质应符合存放物品的要求，并加相应的标识，科学存放。叉车定容如图6-2所示。

（三）定量

定量是确定保留在工作场所或其附近物品的数量。物品的数量越少越好，但要保证维持正常的生产工作。通过定量控制使生产有序化，降低和消除浪费。定量存放如图6-3所示。

（四）形迹管理

形迹管理（图6-4）是定点和定量的常用工作，是指通过勾勒物品形状并按图案放置物品，以实现管理的科学化、直观化。

图6-3 定量存放

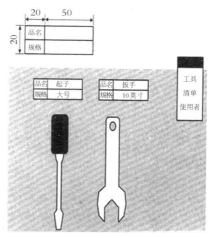

图6-4 形迹管理
（1英寸＝2.54厘米）

四、实施整顿的步骤

（一）分析现状

有些现场人员取放物品的时间为什么这么长？归根结底，原因如图6-5所示。

图6-5 实施整顿的原因

所以，企业要判断日常工作中的必需品的管理状况如何，必须从物品的名称、分类、放置等方面的规范化情况进行调查分析，找出问题所在，对症下药。

（二）将物品分类

企业应根据物品各自的特征，把具有相同特点、性质的物品划为一个类别，并制定相应的标准和规范，以便为物品正确命名、标志。

（三）决定储存方法

对于物品的存放，企业通常采用的是定置管理。

1.位置的确定

物品位置的确定有以下两种方法，如表6-2所示。

表6-2 物品位置的确定方法

位置	定义	适用范围	作用或使用方法
固定位置	指场所固定、物品存放位置固定、物品的标志固定，即"三固定"	适用于在物流系统中周期性回归原地，在下一生产周期中重复使用的物品。主要指那些作为加工手段的物品，如治具、量具、工艺装备、搬运工具、设备附件等，这些物品一般可多次使用，周期往复运动	主要是固定存放位置，使用后要回归到原来的固定存放点，便于下次寻找。这种"固定"可以使人的行为习惯固定，从而提高人的工作效率

续表

位置	定义	适用范围	作用或使用方法
自由位置	指相对地固定一个区域，并非绝对的存放位置。具体的存放位置是根据当时的生产情况及一定的规则决定的。与上一种方式相比，物品存放有一定的自由度	适用于物流系统中不回归、不重复使用的物品，如原材料、毛坯、零部件、半成品。这些物品的特点是按照工艺流程不停地从上一道工序向下一道工序流动，一直到最后出厂。所以，这些物品在某一道工序后，一般不再回归到原来的存放点	可以采用可移动的牌架、可更换的插牌标识，对不同物品加以区分；不同位置的划分也可以采用移动的线条边界支架加以分割，表示位置的暂时固定

2. 放置标志

标志在人与物、物与场所的作用过程中起着指导、控制、确认的作用。在生产中，使用的物品品种繁多、规格复杂，它们不可能放置在操作者的手边，如何找到，需要一定的信息来指引。许多物品在流动中是不回归的，它们的流向和数量也需要有信息来确认。因此，在定位过程中，完善、准确而醒目的标志十分重要，它影响到人与物以及场所的有效结合程度。标志可分为以下两类。

（1）引导类标志（图6-6）

引导信息告诉人们"物品放在哪里"，便于人与物的结合。通过各种区域的标志线、标示牌和彩色标识来告诉人们这是"什么场所""存放什么东西"，可以避免因原材料、半成品、成品混淆而导致质量事故的发生。

图6-6　引导类标志

（2）确认类标志（图6-7）

这是避免物品混乱和放错地方所需的信息。卡片标志可以告诉人们物品的名称、规格、数量、质量等。

图6-7　确认类标志

（四）实施

企业应按确定的储存方法将物品放在它该放的地方，不要使物品"无家可归"。

实施时，企业首先要对生产场地、通道、检查区、物品存放区进行规划，明确各区域的管理人。对于零件、半成品、设备、垃圾箱、消防设施、易燃易爆的危险品等，均用鲜明、直观的色彩或信息牌标示出来。凡与定置要求不符的现场物品，一律清理撤除。

五、作业现场整顿的具体执行标准

（一）地面通道线、区划线

1. 实线或虚线的选择

通道线用于规范人、车、物料的通行，通常用实线，采用刷油漆或贴胶带的方法绘制。区划线用于工作区域内的功能细分，一般也用实线，有时出于美观与灵活的考虑，可以使用虚线。另外，功能不确定的区域也可考虑用虚线。

2. 线宽

线的宽度一般控制在4～10厘米，不同区域的线宽要求如下。

① 大型仓库主通道10厘米；区域线8厘米。

② 车间主通道10厘米；区域线8厘米。

③ 大的场所中辅助通道比主通道窄2~4厘米。

④ 中小仓库主辅通道：6厘米。

⑤ 小房间通道：4厘米或6厘米。

⑥ 在大的场所，区划线通常应比相邻的通道线窄2~4厘米。
⑦ 在较小的区间，区划线可使用与通道线相同的线宽。

3.颜色区分

① 通道线和区划线通常使用黄色线条。
② 不合格品区域或危险区域（如高温、高压），通常使用红色线条。

4.通道本身的宽度

通道本身的宽度应根据工作需要和场地大小决定。

（二）定位线

图6-8　虚线定位

1.线形与线宽

定位线用于地面物品的定位，根据实际情况可以采用实线、虚线和四角定位线等形式，线宽4厘米。虚线定位如图6-8所示。

2.线的颜色

① 定位线通常采用黄色线条。为了特别区分某些物品（如规范工具、垃圾箱、凳椅等），可使用白色。

② 对消防器材或危险物品进行定位（如乙炔气瓶）时，为达到警示效果，应使用红色线条。对于前方禁止摆放的区域（如消防栓前、配电柜前），应使用红色线。

③ 对位置变动类物品定位时，常采用虚线定位法。

3.其他事项

① 对于位置已经固定的机床等设备，不使用专门的定位线。
② 货架常用的四角定位有时可演化为从通道线或区划线向上延伸。

（三）通常的线条颜色区分

不同的线条颜色适用范围不一样，具体如表6-3所示。

表6-3　不同的线条颜色适用范围

序号	颜色	适用范围
1	黄色（实线）	一般通道线、区划线、固定物品定位线
2	黄色（虚线）	移动台车、工具车等停放定位线位；位置变动类物品定位时，常采用虚线定位法

续表

序号	颜色	适用范围
3	绿色	合格区
4	黄色	待检品区
5	红色	不合格区、废品区、危险区
6	黄黑斑马线	警告、警示（地面突起物、易碰撞处、坑道、台阶等）

（四）仓位管理

1.三分原则：分区、分架、分层

① 以建筑物为基准分区。

② 每区内分架。

③ 每架内分层，设定横纵坐标。

④ 采用高架仓，更好地利用空间。

2.三同原则

① 同订单。

② 同一种物料。

③ 同一仓位。

仓位定位图示如图6-9所示。

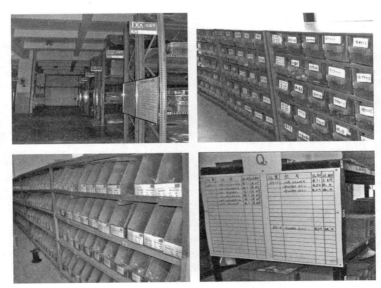

图6-9　仓位定位图示

（五）工具管理

① 工具要严格按定置要求摆放，不准随便乱放。
② 工具管理一般采用形迹管理（图6-10）。
③ 最好想办法将工具立体放置，以节约空间。

图6-10　工具形迹管理

（六）各种管道标志

各种管道标志中除了有流向箭头外，还可以将箭头涂上不同的颜色加以区分，也可以在管道上涂上不同的颜色加以区分（图6-11）。

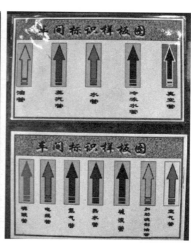

图6-11　各种管道标志

（七）操作、引导标志

操作标志中应明确告诉操作者有关操作步骤及操作要求（图6-12）。

图6-12　操作、引导标志

（八）垃圾桶及其他清洁用品定位、标识（图6-13）

① 垃圾桶要有明确的定位线、最高定量线及标志。
② 放置位置要合理，兼顾到其涉及的范围。
③ 其他的清洁用品（如扫把、拖把、毛巾等）要有定位、定量标志。
④ 有明确的负责人。

图6-13　垃圾桶及其他清洁用品定位、标识

（九）危险品、化学品管理（图6-14和图6-15）

① 各类危险、污染物品放置在指定的区域内，并有明显的安全标志。
② 对于易燃、易爆物品，应分类放置在偏远、阴暗的区域。
③ 对于污染品，应利用特殊的保存装置放置在特定区域内。
④ 车间化学品的管理要求双锁管理。

图6-14　危险品定位

图6-15　化学品定位且双锁管理

（十）警示标志（图6-16）

① 对于机械设备转动轴承、皮带等危险部位，应设置防护罩。
② 在各种电气、电源、线路周围绘制安全的标志线。
③ 对于机械设备危险的部位，要有相应的警示标志。

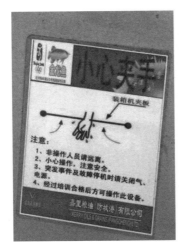 

图6-16　警示标志

（十一）员工水杯和安全帽管理

① 员工水杯和安全帽要求集中放置，并有定位标志（图6-17）。
② 对号入座，一一对应。

图6-17 员工水杯和安全帽定位

（十二）雨伞的管理

雨伞也要进行定位管理（图6-18）。

图6-18 雨伞的定位管理

（十三）电源线管理（图6-19）

① 计算机线、电话线要束起来，电源线路排列整齐。

② 不允许将电源线杂乱地堆放。

③ 不允许有裸露的线头。

（十四）电器开关标识（图6-20）

① 各开关与所对应的机器要有一一对应的标志。

② 采用对应编号式管理。

③ 同一组开关控制多种电器时，可采用不同颜色加以识别。

④ 对于空调等不易觉察其开关状态的电器，可在其出风口处加上有颜色的布条，更容易看出其开关状态。

⑤ 电源、风扇、开关标识：长×宽为3.2厘米×1.5厘米，宋体、字号各区域统一，贴在开关正上方，统一为白底黑字，建议选用白纸制作。

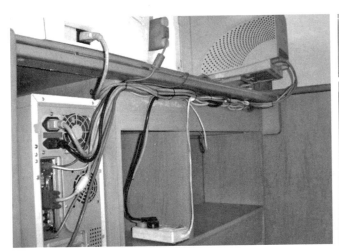

图6-19　电源线管理

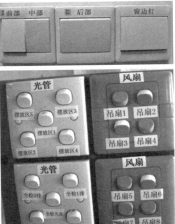

图6-20　电器开关标识

第七章

现场3S（清扫）的实施

导 读

　　清扫就是清除工作场所内的脏污，并防止污染的发生。清扫的目的是消除脏污，保持工作场所干净、明亮，从而稳定产品品质，达到零故障、零损耗。

学习目标

1. 了解清扫推行的要领、清扫的管理关键。
2. 掌握清扫的实施要求、步骤和方法，及清扫后的检查要求。
3. 了解从根本上解决问题——消除污染源的必要性，掌握消除污染源的操作步骤、方法和要领。

学习指引

序号	学习内容	时间安排	期望目标	未达目标的改善
1	清扫推行的要领			
2	清扫的管理关键			
3	清扫的实施			
4	清扫后的检查			
5	从根本上解决问题——消除污染源			

一、清扫推行的要领

清扫推行的要领如图7-1所示。

1 领导以身作则。成功与否的关键在于领导，领导如果能够以身作则，下属员工也都会很认真地对待这件事

2 人人参与。公司所有的部门、所有人员都应该一起来参与这项工作

3 最好明确每个人应负责清洁的区域。分配区域时，必须绝对清楚地划清界限，不能留下没有人负责的区域（即死角）

4 自己清扫，不依赖清洁工。对自己的责任区域都不肯认真去清扫的员工，不要让他负责更重要的工作

5 一边清扫，一边改善状况。把设备的清扫与点检、保养、润滑结合起来

6 寻找并杜绝污染源。如对油管漏油、摩擦噪声进行处理，并建立清扫基准，促进清扫工作的标准化

图7-1　清扫推行的要领

二、清扫的管理关键

（一）实施区域责任制

对于清扫，企业应该进行区域划分，实行区域责任制，责任到人，不得存在没人负责的死角。表7-1～表7-3为某公司进行清扫管理的相关责任表格，供读者参考。

表7-1　清扫值日

5S区	责任人	值日检查内容
计算机区	刘××	机器设备是否保持干净、无灰尘
检查区	张××	作业场所、作业台是否杂乱，垃圾桶是否清理
计测器区	李××	计测器摆放是否整齐，柜面是否保持干净，柜内是否有杂物
休息区	石××	地面是否无杂物，休息凳是否摆放整齐

第七章　现场3S（清扫）的实施

续表

5S区	责任人	值日检查内容
夹具区	王××	夹具摆放是否整齐，夹具是否保持干净
不良品区	赵××	地面是否无杂物，除不良品外，是否无其他零件和杂物存放
零件放置区	孙××	柜内零件规格是否摆放整齐、标识明确
文件柜及其他	郭××	件柜内是否保持干净，柜内物品是否摆放整齐

注：1.此表的5S区是由责任人每天进行维护的。
2.下班前15分钟开始。
3.其他包括柜、门窗、玻璃。

表7-2　5S责任标签

5S责任区			
编号	区域间	责任部门	责任人
C022	车间管理看板	生产组	李××

表7-3　日常清扫计划表

工作区域														责任人照片
责任人														
实施内容	清扫部位	清扫周期	要点	清扫实施内容确认										
				1	2	3	4	5	6	7	8	9	10	11	12	…	30
地面	表面	每天	无污物														
天花板	表面	每天	无污物														
消防设备	表面	每天	无污物														
机台	表面	每天	无污物														
……																	

注：1.员工必须按时实施5S工作。
2.管理者应进行监督并检查实施情况。
3.实施确认后在栏内画"√"。

（二）制定相关清扫基准

企业应制定相关清扫基准，明确清扫对象、方法、重点、周期、使用工具、责任者等项目，保证清扫质量，促进清扫工作的标准化。以下提供某公司设备清扫点检基准范本，供读者参考。

（1）

××公司设备清扫点检基准表

序号	设备	项目	方法	清扫要点/点检基准	周期	备注
1	空调器	1.出风口 2.入风口 3.外表面 4.顶盖部 5.过滤网 6.周边环境	清扫时可在湿抹布上涂肥皂擦拭机器，然后再用干抹布擦净（电气部分除外）	（1）清除空调表面灰尘、污垢 （2）清理空调及周边的不要物 （3）注意空调背面及平时不打开的部位 （4）下班后检查空调是否关闭	1次/日（其中，第5项为1次/周末）	
…	……					
…	……					

（2）

××设备清扫部位及要点

类别	清扫部位	清扫要点	清扫重点
设备及附属机械	1.接触原材料/制品的部位，影响品质的部位（如传送带、滚子面、容器、配管内、光电管、测定仪器）	有无堵塞、摩擦、磨损等	（1）清除由于长年放置堆积的灰尘、垃圾、污垢

续表

类别	清扫部位	清扫要点	清扫重点
设备及附属机械	2.控制盘、操作盘内外	（1）有无不需要的物品、配线 （2）有无劣化部件 （3）有无螺栓类的松动、脱落等现象	（2）清除因油脂、原材料的飞散、溢出、泄漏而造成的脏污 （3）清除涂膜卷曲、金属面的锈迹 （4）清除不必要的告示（板） （5）明确不明了的描述
设备及附属机械	3.设备驱动机械、部品（如链条、链轮、轴承、电机、风扇、变速器等）	（1）有无过热、异常声音、振动、缠绕、磨损、松动、脱落等现象 （2）润滑油是否泄漏、飞散 （3）点检润滑作业的难易度	
设备及附属机械	4.仪表类（如压力、温度、浓度、电压、拉力等的指针）	（1）指针摆动 （2）指示值失常 （3）有无管理界限 （4）点检的难易度	
设备及附属机械	5.配管、配线及配管附件（如电路、液体、空气等的配管、开关阀门、变压器等）	（1）有无内容/流动方向/开关状态等标志 （2）有无不需要的配管器具 （3）有无裂纹、磨损	
设备及附属机械	6.设备框架、外盖、通道、立脚点	点检作业的难易度（明暗、阻挡、狭窄）	
设备及附属机械	7.其他附属机械（如容器、搬运机械、叉车、升降机、台车等）	（1）有无液体/粉尘泄漏、飞散 （2）有无原材料投入时的飞散 （3）有无搬运器具点检	
周边环境	1.工夹具及存放的工具柜、工装架等	（1）有无标识及乱摆放 （2）保管方法等	（1）整顿在规定位置以外放置的物品 （2）整理多于正常需求的物品
周边环境	2.原材料、半成品、成品（含存放架、台）	（1）有无标识及乱摆放 （2）保管方法等	

续表

类别	清扫部位	清扫要点	清扫重点
周边环境	3. 地面（如通道、作业场地及其区划、区划线等）	（1）有无区划线，是否模糊不清 （2）不需要物、指定物品以外的放置 （3）通行与作业上的安全性	（3）应急时可使用物品的替换 （4）整顿乱写乱画、溜达闲逛、乱摆乱放等现象
	4. 保养用机器、工具（如点检、检查器械、润滑器具、材料、保管棚、备品等）	（1）放置、取用 （2）计量仪器类的脏污、精度等	
	5. 墙壁、窗户、门	（1）脏污 （2）破损	
备注：			

三、清扫的实施

（一）准备工作

清扫的准备工作如表7-4所示。

表7-4　清扫的准备工作

序号	事项	具体说明
1	安全教育	对员工进行清扫的安全教育，主要是对可能引起受伤、事故（触电、刮伤、碰伤、洗剂腐蚀、尘埃入眼、坠落砸伤、灼伤）等的不安全因素进行警示和预防
2	设备基本常识教育	设备基本常识教育主要解决"为什么会老化""会出现什么故障""用什么样的方法可以减少人为劣化因素""如何减少损失"等问题
3	了解机器设备	通过学习设备的基本构造，了解其工作原理，绘制设备简图并对导致尘垢、漏油、漏气、震动、异声等状况的原因进行解析，使员工对设备有一定的了解
4	技术准备	制定相关指导书，明确清扫工具、清扫位置，了解加油、润滑的基本要求、螺钉卸除、固定的方法及具体步骤等

（二）从工作岗位扫除一切垃圾、灰尘

① 作业人员亲自动手清扫而非由清洁工代替。
② 清除长年堆积的灰尘、污垢，不留死角。
③ 对地板、墙壁、天花板甚至灯罩的里边也要打扫干净。

（三）清扫点检机器设备

① 设备本来是干净、整洁的，所以每天都要将设备恢复至原来的状态，这一工作从清扫开始。
② 不仅要清扫设备本身，还要连带清扫附属、辅助设备（如分析仪、气管、水槽等）。
③ 容易发生跑、冒、滴、漏的部位要重点检查确认。
④ 对油管、气管、空气压缩机等不易发现、看不到内部结构的设备要特别留心。
⑤ 一边清扫，一边改善设备状况，把设备的清扫与点检、保养、润滑结合起来。

（四）整修在清扫中发现有问题的地方

① 地面凹凸不平，搬运车辆行驶在上面会使产品碰撞，导致品质问题的发生。这样的地面也使员工容易摔倒，必须要及时整修。
② 对松动的螺栓要加以紧固，补上不见的螺栓、螺母等配件。
③ 对于需要防锈保护或需要润滑的部位，要按照规定及时加油保养。
④ 更换老化的水管、气管、油管。
⑤ 清理堵塞的管道。
⑥ 更换难以维修或难以读数的仪表装置。
⑦ 添置必要的安全防护装置。
⑧ 要及时更换绝缘层已老化或被老鼠咬坏的导线。

四、清扫后的检查

（一）检查项目

作业人员在清扫结束之后要对清扫结果进行检查，检查项目有以下几个方面。
① 是否清除了污染源。
② 是否对地面、窗户等地方进行了彻底的清扫和破损修补。
③ 是否对机器设备进行了从里到外的、全面的清洗和打扫。
企业对于清扫的部位和要求都要明确地以表格形式固定，作业人员应每日按照要

求进行检查并将检查结果记录下来,作为员工或部门5S考核的依据。以下提供××公司5S清扫要点与要求范本,供读者参考。

××公司生产部5S区域清扫要点与要求

项目	清扫部位	清扫周期	要求	年 月				
				1	2	3	4	… 31
机器设备	内外部污垢、周边环境	停机时	眼观干净,手摸无积压灰尘					
			地面无明显废屑。对于正在生产的设备,其地面不能有两种材料的废屑(未生产的材料废屑明显)					
地面	表面	每天	保持清洁,无污垢、碎屑、积水等					
	通道		无堆放物,保持通畅					
	摆放物品		定位、无杂物,摆放整齐,无压线					
	清洁用具		归位摆放整齐,保持用品本身干净					
墙或天花板	墙面	每天	干净,无蜘蛛网,所挂物品无灰尘					
	消防		灭火器指针指在绿色区域,有定期点检					
	开关、照明		部门人员清楚每一个开关所控制的照明和设备					
			标志清楚,干净无积尘,下班时关闭电源					
	门窗		玻璃干净,门及玻璃无破损,框架无积尘					
	公告栏	1次/周	无灰尘,内容及时更新					
	天花板	有脏污时	保持清洁,无蛛网、无剥落					

续表

项目	清扫部位	清扫周期	要求	年 月				
				1	2	3	4	… 31
工作台办公桌	桌面	每天	摆放整齐、干净，无多余垫压物					
	抽屉		物品分类存放，整齐清洁，公私物品分开放置					
	座椅/文件		及时归位，文件架分类标志清楚					
箱或柜	表面		眼观干净，手摸无尘，无非必需品					
	内部		分类摆放整齐、清洁					
茶桌	茶杯或茶瓶		摆放整齐，茶瓶表面干净、无污渍					
	表面		保持清洁，无污垢、积水等					
工具设备	表面	每天	不使用时，归位放置，摆放整齐、稳固，无积尘、无杂物，放在设备上的物品要整齐					
组长或区域负责人签字：								

注：1.每天上午9:00由值日员工确认，合格的在相应栏内画"○"，不合格的应立即整改；不能立即整改的，先画"△"，待整改后画"○"。

2.每天上午9:00以后，区域负责人检查确认（生产车间由组长检查确认），并在确认栏签字，将检查情况记入5S个人考核记录表。

3.每天5S主任和副主任对各区进行不定时的检查，对不符合项目按评分表进行扣分。

4.各区域负责人要监督管理好所管辖区域的5S状况，确保所辖区域清洁，及时制止非本部门的同事在本区域内出现等不符合5S的情况。

（二）检查方法

除了5S活动委员会的定期巡查之外，现场管理人员也应经常快速检查本部门的清扫效果，但对于某些人多事杂的部门，如果逐个工序、逐个项目地检查，既耗时又费力。针对这样的情况，推荐一个轻松方便的方法——白手套检查法。

图7-2 戴上白手套检查

1.白手套检查法如何运用

清扫检查时,检查人员双手都要戴上白色、干净的手套(尼龙、纯棉质地的均可)。在检查相关对象之前,检查人员先向相关责任人员出示手套是干净的,然后在该检查对象的相关部位来回擦拭数次,接着再将手套重新向责任人员展示,由责任人员自己判定清扫结果是否良好(图7-2)。如果手套有明显脏污,则证明清扫工作没做好;反之,则说明清扫符合要求。

这种方法简单明了,结果客观公正,具有极强的可操作性。在绝大多数情况下,当事人都乐于接受手套上所反映出来的结果,不会产生抵触情绪,因为结果自己也亲眼看到了,管理人员也不用多费口舌。检查结束后,当事人也都会积极配合开展改善活动。

2.运用白手套检查法的注意事项

检查人员运用白手套检查法时,要注意以下事项。

(1)多预备几副手套

尤其是对长流水线的工序来说,只用一副手套检查往往是不够的。擦脏的手套要另外摆放,事后及时清洗,这本身也是清扫的一部分。

(2)每次只用一个手指头的正面或背面来检查

如果每次都用手掌面来确认的话,那手套肯定不够用,但是如果分开10个指头的话就不同了,10个手指头的正反面再加上手掌面和手背面,一对手套就能检查22个工序。如果手指头和工序一一对应的话,只要看一下最终结果,就知道哪些工序出了问题。

(3)可以将白纸、白布切成小块后进行擦拭

检查有油脂、油墨的工序时,一旦油脂、油墨粘到手套上,手套也就报废了,这时可改用白纸、碎白布之类的东西进行检查。

(4)多让当事者自己判定

就现场来说,绝大多数作业人员存在"不愿意输给他人"的心理,所以,管理人员只要把10个手指头一亮,作业人员自然就与前后工序进行比较。有比较就会有进步,不好的会改善,好的会更好。

(5)擦拭部位要不断变换

如果每次检查都固定在某一部位上,久而久之,检查就会变得流于形式,从而

日渐松懈。尤其是个别不自觉的人，甚至会趁机偷工减料，只清扫每次检查擦拭的地方。所以，检查人员每次检查都要变换部位。

五、从根本上解决问题——消除污染源

即使每天进行清扫，油渍、灰尘和碎屑还是可能存在，如果想要彻底解决问题，企业还须查明污垢的发生源，进而从根本上解决问题。

（一）污染、泄漏产生的原因

工厂污染发生源产生的原因大致有以下几个方面。
① 管理意识低落——未将污染发生源当作重要的问题来考虑。
② 放任自流——不管污染发生源产生在何处，任其处于破损及不正常状态。
③ 维持困难——由于清扫难度大，所以干脆放弃不管。
④ 技术不足——技术上的解决方法不足，或完全未加以防范。

（二）污染发生源调查

1. 将污染的对象明确化

调查人员在对发生源进行调查之前，须先确认是什么污染物。由于污染的种类、形态、严重度、产生量等各不相同，所以大扫除的方法、调查的方法以及对策也不同。

2. 追寻污染发生源

调查人员在调查时，需查明污染是自然发生的还是不应该发生的；是由于不注意而造成污染还是由于量过多来不及回收所致等。总之，必须追查污染物的产生原因并确定如何处置，并以认真的态度追根究底，寻找有效的解决方法。

3. 确定污染最严重的重点部位

通过对污染源的调查，调查人员应在具体的发生部位挂上标示牌，标示牌的内容包括发生部位、状态、发生量（数字明确标示量化程度）、测定方法以及防范方法（防止对策或回收方法）。

调查后，就可确定污染最严重的重点部位，如对护盖移位、松动等可以立即实施对策，随后依重点顺序实施对策。具体实施时，企业可制定污染发生源及困难处理登记表（表7-5），按计划逐步改善，根据污染发生源的影响程度、治理难度确定具体的解决方法。

表7-5 污染发生源及困难处理登记表

序号	区域	困难处	描述	改善措施	预计费用	改善责任人	预计完成日	完成责任人	经理	推行办

注：判断改善结果好时，画"○"；结果未达目标时，画"×"。

（三）寻求解决对策

污染源解决对策就是思考减少污染发生量或完全不让污染发生的办法。具体对策有以下几点。

① 研究防范方法，或者在容易产生粉尘、喷雾、飞屑的部位装上挡板、护盖等改善装置，将污染源局部化，以保障作业安全，并有利于收集废料、减少污染。

② 在设备更换、移位时，同样要将破损处修复。

③ 日常的维持管理是相当重要的，对于有黏性的废物，如胶纸、不干胶、发泡液等，必须通过收集装置进行收集，以免弄脏地面。

④ 在机器擦洗干净后，点检人员要仔细地检查给油、油管、油泵、阀门、开关等部位，观察油槽周围有无容易渗入灰尘的间隙或缺口，排气装置、过滤网、开关是否有磨损、泄漏现象等。

⑤ 电器控制系统开关、紧固件、指示灯、轴承等部位是否完好。

⑥ 须思考高效率的收集或去除污染的方法。例如，改进回收油、废水的导槽、配管，以及收取粉尘而装设的集中收集装置，多角度思考使污染物不到处飞散的方法，特制打扫用具，制作让切屑粉容易流动并方便扫除的设备等。

（四）对策所要花费的费用及工时的评估

一旦对污染源采取对策后，企业对所要花费的费用及工时的评估、对策的难易度、是否自己能解决或者须依赖其他部门的技术支援等问题，都要认真分析。进一步思考所采取的对策可能带来的效益，并设定优先顺序，然后再实施。以下提供某公司在5S实施过程中对污染源产生原因的分析及应用对策，供读者参考。

污染源对策及费用评估

序号	产生原因	应对策略	采购费用评估
1	地面质量差，坑洼太多，脱落厉害，灰尘到处飞扬；不仅影响产品外观，并且清洁费时费工（主通道）	（1）铺钢板 （2）铺水磨石 （3）铺沥青（能承压，比较便宜，建议选择） （4）不变	略
2	很多设备管道陈旧，颜色脱落（通信、拉丝、炼胶）	（1）专业公司喷漆：美观，质量好，时间短（建议选择） （2）自己喷漆：不美观，时间长，费用相对较低 （3）不变，维持原状	略

第八章 现场4S（清洁）的实施

导 读

  清洁就是将整理、整顿、清扫进行到底，并且制度化、标准化，只有这样才能使整理、整顿、清扫的工作长期有效进行。从而避免像进行大扫除那样，虽然当时收拾得干净整洁，过一段时间就又恢复成老样子了。

学习目标

  1. 了解清洁的意义和作用。
  2. 掌握清洁的实施步骤——定期检查前3S的情况、坚持实施5分钟3S活动、目视化管理等的操作方法、要求。

学习指引

序号	学习内容	时间安排	期望目标	未达目标的改善
1	清洁的意义			
2	定期检查前3S的情况			
3	坚持实施5分钟3S活动			
4	目视化管理			

一、清洁的意义

干净整洁的工作环境给人的感觉是清爽、舒适的,在这样的环境中,员工容易发挥思考力、创造力,提高工作效率、减少浪费等目标也容易达成。在这里,对于清洁的定义包括以下两个方面。

① 维持清扫的成果,使自己所负责的工作区域、机器设备保持干净和无污垢的状态。

② 对容易产生污垢、灰尘等的机器设备、物品加以改善,设法除掉污染源。

尤其是在生产精密度高的电子产品、食品、药品等的工厂中,无污染源的清洁环境更是最基本的要求,对于这类企业,绝不允许有任何污染物侵入,否则极易影响到人体的健康。

二、定期检查前3S的情况

清洁是通过检查前3S实施的情况来判断其实施程度的,企业通常需要制定相应的检查表对其进行具体检查。

(一)检查的标准与重点

清洁的标准包含三个要素:干净、高效、安全。

在开始时,企业要对"清洁度"进行检查,制定出详细的检查表,以明确"清洁的状态"。检查的重点为:周围是否有不必要的东西;工具是否可以立即使用;每天早上是否安排扫除工作;工作结束时是否安排收拾整理工作。

1. 整理、整顿检查重点

(1)办公室整理整顿检查重点

① 脏乱的卷宗是否仍在使用?

② 办公桌上是否有许多不必要的文件、文具、杂物等?

③ 橱柜、抽屉的锁是否已生锈?

④ 样品柜内的样品是否已过期?

⑤ 办公桌上的文具、电话等是否已定位?

⑥ 是否用颜色来管理档案?

⑦ 是否制定对档案的管理办法?

⑧ 是否制定档案总档来统一管理?

⑨ 对照片、底片、投影片、幻灯片等是否分别使用专用保管夹保管?

⑩ 底片与照片的编号是否属于同一系列？是否在照片的背后或旁边加注编号以便查找？

⑪ 档案夹上是否注明档案名称、保存年限等？

⑫ 是否定期整理各种书籍、资料？

（2）车间的整理、整顿检查重点

车间的整理、整顿检查重点如表8-1所示。

表8-1　车间的整理、整顿检查重点

项目	检查重点
工作现场	（1）道路上是否画线 （2）机器、搬运工具、物品、垃圾桶等的放置处是否画线标示 （3）不可存放物品的放置处有无标示 （4）是否有不能用或长久不使用的设备、材料、半成品、容器等 （5）是否堆积了许多不良但又未处理的材料、半成品、成品等 （6）现场是否堆放有非现场之物，如小说等 （7）各式架、柜是否生锈、脱漆、损毁 （8）墙壁是否剥落、渗水 （9）门窗是否损坏、残缺 （10）电灯是否不亮或缺少灯管 （11）是否设置吸烟区
半成品　量	（1）是否以每一个工作站或每一个操作人员为单位来设立标准的半成品量并且予以标示 （2）是否用标准的容器来协助对量的管制及计数 （3）是否用颜色标高法来协助定位
半成品　位置	（1）是否划定半成品放置区，避免半成品四处扩散 （2）半成品放置区的设置是否妨碍正常的工作 （3）对半成品是否分类放置
半成品　品质	（1）是否用挡板、缓冲材料等来保护半成品，以防碰撞、剥落 （2）是否有防尘措施 （3）是否避免半成品直接接触到地面 （4）容器是否经常保持清洁 （5）处理半成品时，是否轻取轻放

续表

项目		检查重点
半成品	不良品处理	（1）是否规划明确的不良品放置区 （2）是否用红色来标示不良品放置区，以示醒目 （3）是否能一次就将不良品进行分类，避免因重复分类而产生工时浪费 （4）是否能定期、大胆地处理不良品
	搬运行为	（1）放置栈板、容器时，是否考虑到搬运的方便 （2）是否利用有轮子的容器 （3）搬运行为上是否考虑到搬运系数
手工具		（1）是否有努力消除使用手工具的机会 （2）是否利用槽沟、卡损、油压、磁性等来代替螺栓 （3）是否加大螺母的接触面，以便双手可以处理 （4）是否使用标准化的零件，以减少工具的种类 （5）是否缩短工具存放的距离 （6）对于经常使用的手工具，是否随身携带或是放在工作台附近 （7）手工具存放的位置，是否不需行走、下蹲、垫脚等动作就能取用 （8）是否为手工具设置了固定的存放位置 （9）是否利用简便的符号、色别、影绘等，手工具一旦使用完即可迅速归位 （10）是否借用磁力使手工具的归位变得既简单又正确 （11）是否借用悬挂弹性力量，使手工具在使用后能立刻恢复到固定的位置
切削工具		（1）是否做好了切削工具的保管方法和保有数量的评估 （2）个人保管的工具是否以使用频繁为原则 （3）对于偶尔才使用的工具，是否以集中保管、共同使用为原则 （4）是否推行标准化，以减少切削工具的种类 （5）是否规定个人保管工具的交换办法，以杜绝浪费 （6）工具存放时，是否尽可能按照产品别组套或机能来存放和保管 （7）是否确立不良品及钝品的交换办法，以保切削工具的品质 （8）是否考虑到防止碰撞、摩擦事件的发生 （9）切削工具是否采取垂直的方式放入抽屉内 （10）是否用隔板来保护切削工具 （11）是否用波浪板来保护切削工具 （12）是否用网带来保护切削工具 （13）是否用支架来保护切削工具 （14）是否用木模来保护切削工具

续表

项目	检查重点
切削工具	（15）是否考虑到防锈的问题 （16）在抽屉或容器里，是否铺上含有油分的毛毯等来保护切削工具 （17）对于必要的部分，是否刷上油漆来保护
测量仪器	（1）是否有防震的考虑 （2）是否未放到机台上面 （3）当仪器必须放到机器上时，是否在仪器的下面先铺上一块橡胶垫，以减少震动的伤害 （4）是否定期校验，并用颜色来协助管理 （5）是否有防止碰伤、歪翘的措施 （6）测试棒、长直尺等是否垂直吊放，以防歪翘 （7）水平台不用时，是否加上罩子 （8）仪器、治（工）具不用时是否归位，以防碰伤 （9）使用后是否归零 （10）是否熟悉使用方法 （11）存放时是否考虑使用适当的容器，以防碰撞 （12）是否考虑到防止灰尘、污垢的侵蚀及生锈等 （13）不用时是否加上罩盖，以避开灰尘、污垢等的直接污染 （14）放置及使用的场所是否避开多灰尘及多污垢的环境 （15）使用前是否保持双手清洁 （16）保管中是否先使用防锈油擦拭
模治具	（1）是否定位存放 （2）是否设置独立的存放区，以利管理 （3）模（治）具存放时，是否避免直接接触地面 （4）模（治）具架是否有防尘装置 （5）用完后，是否养成归位的习惯 （6）是否易取用 （7）是否有可伸缩的料架臂 （8）是否有滚珠装置的料架 （9）是否有送模台车 （10）是否有合理的运作空间 （11）是否省时 （12）模（治）具的存放位置是否适当 （13）经常使用的东西是否放在附近

续表

项目	检查重点
模治具	（14）拆换模具的工具及模子是否在换模前就备妥 （15）是否采用产品类别组套方式来存放模（治）具 （16）经常用的模（治）具是否放在较易取拿的位置 （17）是否容易辨识 （18）料架是否有编号、标示 （19）模（治）具是否有编号、标示 （20）站在料架前，是否能很清楚地辨别出编号和标示 （21）模（治）具存放指示牌是否很明确 （22）工作指令上是否能明白地指出模（治）具的放置位置
仓库	（1）是否做好定位 （2）是否以分区、分架、分层来区分管理 （3）是否设立标示总看板，使有关人员能一目了然地掌握现况 （4）是否在料架或堆放区上将物品的名称或代号标示出来，以便于寻找及归位 （5）物品本身是否标示，以利辨识 （6）仓库是否做好门禁 （7）是否控制进出货的时间 （8）是否做好定量 （9）同样的物品，是否要求在包装方式及数量上一致 （10）是否用随货标签来协助约定、了解内容 （11）是否设立标准的量来取量 （12）是否做好定容器 （13）容器是否标准化 （14）对容器的存放量是否有规定

2.清扫检查重点

（1）地面清扫检查重点

① 用手摸地面时，手是否会脏（精密工厂）？

② 地面是否有纸屑、烟蒂、食物残渣？

③ 机台底下是否堆积各式的残渣、铁屑？

④ 道路上是否有沙尘或零碎的杂物？

⑤ 机器是否有漏油之处？

⑥ 是否有防止微粒子、粉尘、削粉、糊状物等飞散的对策？

⑦ 吸引微粒子、粉尘、削粉飞散的管道，是否阻塞或泄漏？

⑧ 是否有应对渗透于地面的油渍的处理对策？

（2）机器清扫检查重点

机器清扫检查重点如表8-2所示。

表8-2　机器清扫检查重点

项目	检查重点
润滑系统	（1）加油口的四周、刻度表、计测器等是否肮脏 （2）油槽内的油品是否污浊 （3）油槽底部是否有异物 （4）油槽及配管接头处是否有漏油的现象 （5）配管是否已损坏或弯曲、变形 （6）加油端是否污浊 （7）回槽油系统是否阻塞、污浊 （8）加油工具是否干净 （9）油料有无使用颜色管理
油压系统	（1）加油口的四周、刻度表、计测器、空气通气装置等是否肮脏 （2）槽内的空隙、开口处是否有垃圾、尘埃存在 （3）油槽底部是否有异物 （4）过滤器是否肮脏 （5）泵是否有异常声音或异常热度 （6）配管接头处是否有漏油的现象 （7）其他部位是否有漏油的现象 （8）油压气缸等调节器是否有漏油的现象（尤其是测量杆部分）
空压系统	（1）空气过滤器是否污浊 （2）配管接头处是否漏气 （3）管道是否漏气 （4）螺线管是否有异常声音 （5）速度控制的螺栓是否松动 （6）空气气缸等的调节器是否漏气（尤其是测量杆部分） （7）空气气缸等的取装螺栓是否松动 （8）排气消声器是否阻塞
配油盘、摺动部、回转部部位	（1）配油盘表面是否有凹凸、伤痕、生锈之处 （2）水平测定器的螺栓是否松动 （3）摺动部是否有尘埃、异常磨耗的现象 （4）摺动部去污接触是否有损伤或磨耗 （5）摺动盘里侧是否有切粉 （6）回转部是否有灰尘、凹凸、偏心、异常磨损等现象 （7）摺动部、回转部是否有螺栓松动的现象 （8）链条是否有松动 （9）皮带、齿轮是否有松动、磨耗、损坏的现象

（二）检查的实施

1.检查有哪些不需要的物品（整理）

① 不要物品的检查点。在3S之后，各区域、各部门应检查身边及周围是否有不要的东西，并使用表格形式做好相关记录，如表8-3所示。

表8-3 整理检查表

部门：　　　　　　　　检查者：　　　　　　　　日期：　　年　月　日

序号	检查点	检查		对策（完成日期）
		是	否	
1	放置场所是否有不需使用的东西			
2	通道上是否放置不需使用的东西			
3	是否有不需使用的机械			
4	栏架上下是否有不需使用的东西			
5	机械周围或下边是否有不需使用的东西			
…				

② 企业应编制废弃物品一览表，并对其进行处理。处理的规则是：库存与设备是公司的资产，个人不能任意处置；编制废弃库存品一览表、废弃设备一览表、废弃空间一览表，如表8-4～表8-6所示；一定要全数显示，并与财务责任人协商后处理。

表8-4 废弃库存品一览表

部门：　　　　　　　　检查者：　　　　　　　　日期：　　年　月　日

序号	品名	规格	数量	单位	金额	不要品区分	价值	备注

表8-5 废弃设备一览表

部门：　　　　　　　　检查者：　　　　　　　　日期：　　年　月　日

序号	设备名	设备区分	资产号	数量	单价	金额	设备日期	累计折旧	账册	设备场所	备注

表 8-6　废弃空间一览表

部门：　　　　　　　　　检查者：　　　　　　　　　日期：　　年　月　日

序号	地点	管理责任人	面积/平方米	使用预定	备注

2. 检查物品的放置方法（整顿）

① 明确物品放置方法的检查点。在检查物品的放置方法前，企业首先要明确物品放置方法的检查点，并需列出如表8-7所示的"整顿检查表"以便做好检查记录。

表 8-7　整顿检查表

部门：　　　　　　　　　检查者：　　　　　　　　　日期：　　年　月　日

序号	检查点	检查		对策（完成日期）
		是	否	
1	制品放置场所是否显得零乱			
2	装配品放置场所是否做好"三定"（定位、定品、定量）			
3	零件、材料放置场所是否做好"三定"（定位、定品、定量）			
4	画线是否已完成80%以上			
5	治（工）具存放是否以开放式来处理			
6	治（工）具是否显得零乱			
7	模具放置场所是否可以一目了然			
…				

② 各部门、各区域责任人员应列出"整顿鉴定表"，对管辖区域进行再次检查。如果结果为"否"的项目在30个以上，则再一次进行整顿。

整顿鉴定表的主要项目应包括：部门（填入对象部门或工程名）；检查者（填入检查者的姓名）；分类（整顿对象的类别）；检查点（整顿对象的着眼点）；检查点（检查者进行现场巡视的同时填写，"是"——已做到，"否"——没做到，必须采取对策处理）；对策和改善的完成期限（针对检查中"否"的部分，想出对策或改善措施，将其填入改善栏内）。具体内容如表8-8所示。

表8-8 整顿鉴定表

部门：　　　　　　　　检查者：　　　　　　　　日期：　　年　月　日

分类	序号	检查点	检查		对策（完成日期）
			是	否	
库存品	1	置物场所是否有展示"三定"看板			
	2	是否能一眼看出定量标示			
	3	物品的放置方法是否呈水平、垂直、直角、平行			
	4	置物场所是否有立体化的余地			
	5	是否做到"先进先出"			
	6	为防止物品间碰撞，是否有缓冲材料或隔板			
	7	是否能防止灰尘进入			
	8	物品是否直立摆放在地面			
	9	是否为不良品的保管明确了定置物场			
	10	是否有不良品放置场所的看板			
	11	不良品是否容易看见			
治（工）具	1	是否决定不良品的放置场所			
	2	放置场所是否有揭示"三定"看板			
	3	治（工）具本身是否贴有名称或代码			
	4	使用频率高的治（工）具是否放置在作业现场附近			
	5	是否依制品类别来处理			
	6	是否依作业程序来决定放置方式			
	7	治（工）具在作业指导书中有无指定场所			
	8	治（工）具是否零乱，是否在现场就看得出来			
	9	治（工）具显得零乱是否当场进行整理			
	10	治（工）具是否能根据共通化而将其减少			

续表

分类	序号	检查点	检查 是	检查 否	对策（完成日期）
治（工）具	11	治（工）具是否能借助替代手段而将其减少			
	12	是否考虑归位的方便性			
	13	是否在使用场所的10厘米以内规定放置处			
	14	是否放置在10步以外			
	15	放置方位是否恰当，不弯腰就可以拿到			
	16	是否能吊起来			
	17	即使不用眼睛看，是否也能大致归位放好			
	18	目标尺寸范围是否很广			
	19	治（工）具使用中，是否能交替更换			
	20	是否根据外观进行整顿			
	21	是否能根据颜色进行整顿			
	22	使用频率高的刀具是否放置在身边			
刀具	1	使用频率低的刀具是否可以共同使用			
	2	是否能采取分类组合的方式处理			
	3	是否采取防止碰撞的对策			
	4	抽屉是否使用波浪板			
	5	抽屉是否采用纵向整理收拾			
	6	研削砥石是否堆积放置			
	7	是否采取刀具的防锈对策			
计量器具	1	放置场所是否有防止灰尘或污物的措施			
	2	计量器具放置场所是否有"三定"处理			
	3	是否知道计量器具的有效使用期限			
	4	微米量尺转动量是否放置在不震动处			

第八章 现场4S（清洁）的实施

续表

分类	序号	检查点	检查		对策
			是	否	（完成日期）
计量器具	5	是否下垫避震材料			
	6	方量规、螺栓量规是否有防碰撞措施			
	7	测试塞、直角尺是否吊挂以防止变形			
油品	1	是否有"油罐→给油具→注油口"的色别整顿			
	2	是否有油品种类汇总			
	3	在油品放置处是否有"三定"看板			
安全	1	通道是否放置物品			
	2	板材等长形物是否直立放置			
	3	是否对易倒的物品设置支撑物			
	4	物品堆积是否不容易倒塌			
	5	是否把物品堆积得很高			
	6	回转部分是否用盖子盖上			
	7	危险地区是否设有栅栏			
	8	危险标识是否做得很清楚、醒目			
	9	消防灭火器的标识是否从任一角度均可看见			
	10	消防灭火器的放置方式是否正确			
	11	防火水槽、消火栓的前面是否堆置物品			
	12	交叉路口是否有暂停记号			
合计					
综合结论：					

3.消除灰尘、垃圾的检查点（清扫）

① 清扫的检查点。检查人员可以运用表8-9所示的内容，在窗框上用手指抹抹

147

看,就大致可以知道工作场所的清扫程度,也可运用"白手套检查法"。

表8-9 消除灰尘、垃圾检查要点表

部门:　　　　　　　　　检查者:　　　　　　　　日期:　　年　月　日

序号	检查点	检查 是	检查 否	对策（完成日期）
1	制品仓库里的物品或棚架上是否沾有灰尘			
2	零件材料或棚架上是否沾有灰尘			
3	机器上是否沾满油污或灰尘			
4	机器的周围是否飞散着碎屑或油滴			
5	通道或地板是否清洁亮丽			
6	是否执行油漆作战			
7	工厂周围是否有碎屑或铁片			
…				

② 填写"清扫检查表"。"清扫检查表"的主要项目包括:部门(填入检查对象的部门或工程名);检查者(填入执行检查者的姓名);分类(清扫对象的类别);检查点(与清扫有关的检查要点);检查(检查者一边现场巡视一边进行检查,"是"——已做到,"否"——没做到,必须采取对策处理);对策(检查中"否"的场合,要明确记载对策与完成期限)。具体内容如表8-10所示。

表8-10 清扫检查表

部门:　　　　　　　　　检查者:　　　　　　　　日期:　　年　月　日

分类	序号	检查点	检查 是	检查 否	对策（完成日期）
库存品	1	是否清除与制品或零件、材料有关的碎屑或灰尘			
	2	是否清除切削或洗净零件所产生的污锈			
	3	是否清除库存品保管棚架上的污物			
	4	是否清除半成品放置场所的污物			
	5	是否清除库存品、半成品的移动用栈板上的污物			
设备	1	是否清除机器设备周边的灰尘、油污			
	2	是否清除机器设备下的水、油和垃圾			
	3	是否清除机器设备上的灰尘、污垢、油污			

续表

分类	序号	检查点	检查 是	检查 否	对策（完成日期）
设备	4	是否清除机器设备侧面或控制板套盖上的油垢、污迹			
	5	是否清除油量显示或压力表等玻璃上的污物			
	6	是否将所有套盖都打开，清除其中的污物或灰尘			
	7	是否清除附着于气压管、电线上的尘埃、垃圾			
	8	是否清除开关等处的灰尘、油垢等			
	9	是否清除附着于灯管上的灰尘（使用软布）			
	10	是否清除段差面的油垢或灰尘（使用湿抹布）			
	11	是否清除附着于刀具、治具上的灰尘			
	12	是否清除模具上的油垢			
	13	是否清除测定器上的灰尘			
空间	1	是否清除地板或通道上的沙、土、灰尘等			
	2	是否除去地板或通道上的积水或油污			
	3	是否清除墙壁、窗户等处的灰尘或污垢			
	4	是否清除窗户玻璃上的污迹、灰尘			
	5	是否清除天花板、梁柱上的灰尘、污垢			
	6	是否清除照明器具（灯泡、日光灯）上的灰尘			
	7	是否清除照明器具盖罩上的灰尘			
	8	是否清除棚架或作业台等处的灰尘			
	9	是否清除楼梯上的油污、灰尘、垃圾			
	10	是否清除梁柱上、墙壁上、角落等处的灰尘、垃圾			
	11	是否清除建筑物周围的垃圾、空瓶			
	12	是否使用清洁剂将外墙的脏污加以清洗			
合计					
综合结论：					

（三）拍照记录问题点，责成整改

对于检查中遇到的问题点，检查人员应拍下照片，清楚记录问题点，并要求责任人进行整改。

三、坚持实施5分钟3S活动

员工每天工作结束之后，花5分钟时间对自己的工作范围进行整理、整顿、清扫，无论是生产现场还是办公室都要推行该活动。以下是5分钟3S活动必做的几个项目。

① 整理工作台面，将材料、工具、文件等放回规定位置。
② 清洗次日要用的换洗品，如抹布、过滤网、搬运箱等。
③ 理顺电话线，关闭电源、气源、水源。
④ 清倒工作垃圾。
⑤ 对齐工作台椅并擦拭干净，人离开时把椅子归位。

四、目视化管理

在5S活动中，一些看不到的地方或者容易被忽略的区域就是整理、清扫难以到位的地方。对于这样的地方可以实施目视化管理，利用一些形象、直观的标识方法进行管理。

（一）实施透明化管理

图8-1 装上透明玻璃柜

在5S活动中，通常整理、整顿、清扫做得最差的地方，往往是不容易被看到的地方，如隐藏在铁架、设备护盖背后的部分等。此时，可以利用目视管理，例如，取下护盖使其透明化，或在外部护盖上加装视窗，可以看到里面的电气控制盘等。装上透明玻璃柜如图8-1所示。

（二）状态视觉化

例如，在电风扇上绑上布条，可以了解其送风情况（图8-2）；配水管的一部分采用透明管道并装上浮标，可以通过目视做好水流管理。

（三）使用看板

看板的使用要求有以下几点。

① 版面采用线条或图文分割，条理清晰。

② 主次分明，重点突出。

③ 尽量用量化的数据、图形，形象地说明问题。

④ 对于动态信息，尽量用不同颜色的箭头进行标识。

⑤ 适当采用卡通、漫画的形式，活跃版面。

各部门管理看板版块如图8-3所示。

图8-2　绑上布条进行标识

图8-3　各部门管理看板版块

第九章

现场5S（素养）的实施

导 读

　　素养是指通过相关宣传、教育手段提高全体员工文明礼貌水准，促使其养成良好的习惯，遵守规则并按要求执行。

学习目标

1. 了解素养活动的作用、素养活动的实施要领、素养的基本要求。
2. 掌握素养活动的推行措施及各项措施的操作步骤、要领和方法。

学习指引

序号	学习内容	时间安排	期望目标	未达目标的改善
1	素养活动的作用			
2	素养活动的实施要领			
3	素养的基本要求			
4	素养活动的推行			

一、素养活动的作用

素养强调的是保持良好的习惯，一种延续性的习惯。例如，一个人每天早上起来都会习惯性地刷牙、洗脸，如果哪一天没有刷牙、洗脸，就会觉得怪怪的，这就是一种习惯。素养的作用表现为以下几个方面。

① 提升人员品质，保证人员素质。
② 改善工作意识，包括效率意识、成本意识、品质意识和安全意识。
③ 推动前面4个S，形成行为习惯。
④ 按标准作业。
⑤ 营造和谐的工作氛围。
⑥ 提高全员文明程度、礼貌水准。

二、素养活动的实施要领

素养活动的实施要领有以下几方面内容。

① 持续推行前5S活动，使全员形成习惯。
② 企业制定的各种规章制度，如操作规范、用语、行为、礼仪和着装等都是员工的行为准则，应使全员达成共识，形成企业文化的基础。例如，对于仪容、仪表的要求，可以用图表的形式展示（图9-1）。

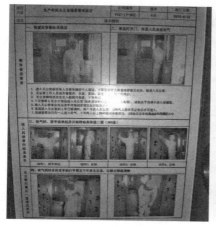
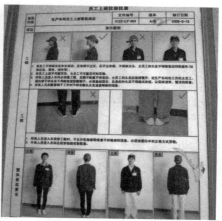

图9-1　用图表形式展示员工仪容仪表要求

③ 教育培训员工，特别是新员工，能够起到强化作用，帮助员工理解企业文化、行为标准和作业规范，进而严格遵守规章制度，形成凝聚力和向心力。
④ 以部门或班组为基本单位开展早会活动，并使之制度化。这样一方面能够顺

利传达当天的工作任务；另一方面有利于内部交流，提高团队合作精神，从而提高生产效率。

⑤ 开展5S知识竞赛和有奖征文活动，可以有效加深员工对5S的认识和理解，使员工认识到开展5S活动的意义，从而有利于持久地推行5S活动。

⑥ 通过开展领导巡视、5S图片展示等活动，培养员工对5S活动的热情和兴趣，激发其工作热情。

⑦ 实行具体明确的分工，使员工明白自己在整个工作环节中的作用，培养其责任感，改变之前缺乏团队精神和责任心的状态。

三、素养的基本要求

素养是一种习惯，不只是口头的表述，具体表现为工作态度、仪表礼仪的相应规范。

（一）员工应有的工作态度

员工应有的工作态度如表9-1所示。

表9-1 员工应有的工作态度

情境	具体要求
上班前	（1）带着愉快的心情上班 （2）提前10分钟到达岗位，按规定着装 （3）遇到同事及上司应主动问好 （4）进入办公室后应将随身物品放置于指定位置 （5）开通各种通信设施，检查往来联络信息 （6）上班时间一到，立即停止一切非工作行为，如吃早餐、阅报及聊天等
守时	（1）严格遵守作息时间，不迟到，不早退 （2）参加会议、培训、洽谈或与人约定应严守时间 （3）工作有计划，注重期限，争取时效 （4）约定的事，就要全力去完成
守序	（1）了解公司的历史、组织结构、规章制度、产品，尊重客户 （2）保持工作气氛，不得喧哗及嬉戏 （3）上班时间不做私事，避免会见亲友 （4）不吸烟 （5）保持环境美化

续表

情境	具体要求
履职	（1）对工作充满信心，积极、乐观、负责 （2）对上司不唯唯诺诺，有话直说 （3）知错必改，不强辩，不掩饰 （4）不断追求进步，充实知识 （5）上司需要你时能找到你，或掌握你的行踪 （6）吃饭或下班，应视工作状况而适当调整
文件处理	（1）已决或未决、紧急或普通文件应分开，并迅速处理 （2）文件处理后应签章并注明日期，以示负责 （3）传递或会签的文件应依类别编号、归档 （4）废弃的文件应按规定予以登记、销毁
台面及抽屉	（1）办公桌只可放置必需的办公用品及文件 （2）文具、茶杯、电话、文件应定位放置，以利取放 （3）重要、机密的文件不应放置在桌上 （4）定期清理抽屉里的物件并放置整齐，私人物品应带回家
离开座位	（1）需要外出时，应将地点、目的、预定返回时间等向上级报告，或在"出厂单"中明确表示 （2）工作时间内，不可随便离开座位 （3）离开座位时，需整理好桌上文件，并将椅子归位 （4）走路时要轻声；进出电梯时应先出后进 （5）不要在走道、茶水间、培训室、洗手间内聊天 （6）进出大门、电梯及通过走廊时，应让客人及上司先行
薪资	（1）不询问或探听他人薪资 （2）不羡慕或忌妒他人的高薪，以实力及表现来争取 （3）不因调薪之多寡而影响工作态度 （4）不拿薪资做横向比较
请假	（1）请假需事先提出，临时请假要以电话向主管报批并及时通知人事行政部 （2）请假前应将待办事项交代给职务代理人，并留下联络电话 （3）充分利用公众休假进行休息或办理私人事务 （4）不可因请假而影响工作的进行
出差	（1）出差也是上班，不是旅行，不应放松心情 （2）出差是代表公司，需注意个人形象 （3）减少不必要的出差，考虑出差成本与效益 （4）出差前应做好出差计划，以免费时费力，出差后应提交出差报告 （5）出差时应注意安全，合理安排生活，以免影响工作

续表

情境	具体要求
加班	（1）工作应在办公时间内完成 （2）如果工作未能及时完成或突发某项紧急工作时，应主动加班 （3）对符合《中华人民共和国劳动法》规定范围内的加班不得抗拒 （4）加班仍应保持正常的工作态度 （5）加班也应按规定刷卡
惜物	（1）爱护企业设备，绝不挪为私用，不随意破坏 （2）借用完后应立即归还给物主 （3）个人保管的公物应妥善保管和保养 （4）节约使用文具、纸张、复印机、水电等一切公共消耗品 （5）办公设备应经常擦拭、保养，保持整洁，遇有损坏立即报修
下班时	（1）接近下班时，才可以开始收拾东西或等待下班 （2）今日事，今日毕；下班前应制订好明日的工作计划 （3）将桌上物件收放在抽屉及柜内，桌面保持干净 （4）应将计算机、打印机、空调、水电等设备的电源关闭 （5）椅子、设备、工具归位 （6）不影响其他尚在工作的同事 （7）与上司及同事道别 （8）最后离开者确认门窗是否关好

（二）员工行为规范

1. 仪表

① 女性避免穿着过于华丽的衣服或佩戴贵重的装饰品。

② 女性化妆宜淡雅朴实，不得涂指甲油。

③ 男士应穿着整洁、素淡的衣服。

④ 进入厂区必须按工厂着装规定着装。

⑤ 头发整齐，男士不留胡须。

⑥ 指甲、牙齿、鞋甚至内衣均不可忽视卫生。

2. 待人

① 不因对某人的喜恶而影响你对其工作的评价。

② 不固执己见，应有雅量接受别人的不同意见。

③ 不要恃才傲物，不因他人的学历或职位低而轻视他人。

④ 不拉帮结派，搞小团体。

⑤ 礼多人不怪，同事之间要彼此保持适当的尊重与礼节。
⑥ 平时多与同事沟通联系，对工作上的协调合作大有裨益。
⑦ 不随意批评别人，不言他人隐私，不宣扬别人过失，不搬弄是非。
⑧ 寻求与同事相处的乐趣，会增进彼此的关系。
⑨ 不随便发怒或斥责他人。
⑩ 不因资格老而自视高人一等。
⑪ 不以薪水高低论人。

3. 说话

① 保持轻松的态度，适当的音调、速度，发音清晰。
② 把握重点内容，长话短说。
③ 倾听对方所说的话，不打岔。
④ 适时附和对方的谈话。
⑤ 进入他人场所办事时，应先敲门。
⑥ 不和正在数钞票或正在进行计算的人谈话。

4. 休息时间

① 不在办公场所用餐和吃零食。
② 不高声谈笑、打电话、追逐嬉戏，走路要放轻脚步。
③ 不占用会客室、会议室、培训室作为休息之用。
④ 应注意休息时的坐姿、站姿、睡姿。
⑤ 不因外出或休息过头而耽误工作。
⑥ 避免剧烈运动，以免下午精神不振。

四、素养活动的推行

素养的推行主要通过继续推进前4S活动、制定规章制度、开展各种提升活动来实现。

（一）继续推动前4S活动

前4S是基本动作，也是手段，借助这些基本动作和实践，可以使员工实际体验"整洁"的作业场所，并在无形中养成一种保持整洁的习惯。如果前4S没有落实，则第五个S——素养就没办法达成。

（二）制定相关的规章制度并严格执行

规章制度是员工的行为准则，是让员工达成共识、形成企业文化的基础。企业应制定相应的"语言礼仪""行为礼仪"及"员工守则"等，保证员工达到修养的最低限度，并力求提高。

规章制度一经制定，任何人都必须严格遵守，否则就失去了意义。当一个破坏制度的人出现以后，如果没有对他进行相应的处罚，更多破坏规则的现象就会出现。

（三）加强对员工的教育培训

公司应向每一位员工灌输遵守规章制度、工作纪律的意识，还要创造一个具有良好风气的工作场所。绝大多数员工对以上要求付诸行动，个别员工和新员工就会抛弃坏的习惯，转而向好的方面发展。此过程有助于员工养成制定和遵守规章制度的习惯，改变员工"只理会自己，不理会集体和他人"的潜意识，培养对公司、部门及同事的热情和责任感。培训可分为岗前培训和在岗培训。

1.岗前培训

岗前培训就是上岗之前的培训。岗前培训是素养的第一个阶段，从新员工入厂的第一天起就应该开始，无论是技术人员、管理人员还是作业人员，都必须接受培训。它包括如图9-2所示的几项内容。

图9-2　岗前培训内容

2.在岗培训

在岗培训是指为了提高员工的工作技能，在员工完成工作的同时，接受各种有针对性的培训活动。

在岗培训是将员工素养提高到一个更高层次的重要手段，但不能限制在作业技能的提高上。不同岗位的在岗培训其侧重点各不相同，常见的在岗培训方法有如图9-3所示的几项内容。

（四）开展各种提升活动

1.早会

早会是一个非常好的提升员工文明礼貌素养的平台。企业应建立早会制度，这样有利于培养团队精神，使员工保持良好的精神面貌。

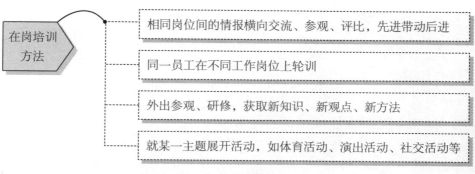

图9-3　在岗培训方法

早会原则上应于每天正常上班前10分钟开始,一般控制在5～10分钟。对于早会,一般有以下规定。

① 应该参加早会的人员应准时参加。
② 参加早会的人员应服装整洁,正确佩戴厂牌。
③ 精神饱满,整齐列队。
④ 指定早会主持人员或以轮值主持的方式进行。
⑤ 早会主持人针对工作计划、工作效率、品质、工作中应注意的内容、企业的推行事项等做简要的传达和交流。

以下提供××公司早会制度范本,供读者参考。

(1)

××公司早会制度

一、目的

1.全员集中,提升集体意识,迅速进入工作状态。
2.传达上级精神,进行重要工作动员。
3.加强礼貌运动,提升员工精神面貌,改善内部关系。

二、适用范围

本公司全体员工。

三、定义

早会时间在每天早晨正常上班铃响后开始,控制在10分钟之内。

四、权责

1.各部门负责宣传并按制度执行。

2. 管理部（项目小组）负责宣传监督、执行。

五、内容

1. 早会程序

1.1 全体集中，分组列队整齐，管理人员站在队列前部。

1.2 注意整理自身仪容，双手背后站立，注视主持人。

1.3 部门主管站在队伍前面，开始早会。

1.4 早会开始。

1.5 主持人发言："大家好！今天……"

1.6 礼貌用语（5句，各重复2遍，主持人带头，要求洪亮、整齐划一）。

（1）早上好！早上好！

（2）对不起！对不起！

（3）请！请！

（4）谢谢！谢谢！

（5）辛苦啦！辛苦啦！

2. 早会内容

2.1 通报公司及本部门要事。

2.2 昨日生产状况简短总结，当天工作计划及工作中应注意事项的简要传达。

2.3 对主要改善项目或活动进度说明。

2.4 部门内必要的协调事项说明。

2.5 安全事项说明。

3. 注意事项

3.1 全体员工都应表现出坦诚提出意见的意愿。

3.2 不批评、不评价他人的提案，不打小报告。

3.3 主张和争议应表里一致，如说明时应将心里的想法坦诚表述。

3.4 有关早会的方式，若有异议，如有新方法或不同的构想，可随时提出。

3.5 早会记录于次月四日前上交管理部，作为5S考核评分依据之一。

六、附件

早会记录表。（略）

2. 征文比赛

开展5S活动征文比赛，可加深广大员工对5S活动的进一步理解和认识，使每位员工分享5S活动所带来的成就感，从而有利于活动更持久有效地开展。

以下提供××公司5S征文安排,供读者参考。

（2）

××公司关于开展5S征文大赛的通知

全体同事：

为进一步宣传5S理念，推行5S认证制度，加强5S管理，提高员工综合素质，使大家对5S有更加全面、深刻的认识，经研究决定，在全公司范围内开展一次5S征文活动。

一、征文主题

以"我与5S"为主题，可叙述5S活动中的感人事迹，可畅谈推进5S的感受，可阐述对5S理念的新认识，对推进5S活动的好建议等。文体不限，题目自拟，字数在1 500字左右（诗歌在30～50行）。打印稿用A4纸，书写稿用16开稿纸。在题目下方正中署明部门、班组、姓名（必须手写）。

二、奖项设置

设一、二、三等奖，分别设1～2名、3～5名、5～8名。

三、投稿办法

作品直接交至5S推进委员会。

四、投稿截止时间

____月__日

　　　　　　　　　　　　　　　　　　　　　　　　　　　____年__月__日

---

3. 5S活动知识竞赛

开展5S活动知识竞赛，可进一步强化员工对5S管理的认识，营造5S氛围，增强部门之间的团队合作精神，对推行5S管理将会起到很好的促进作用。

第十章 事务部门的5S活动实施

导读

有的管理者认为，5S活动的推行只是生产现场的事，这是完全错误的想法。要使5S活动在企业中获得彻底执行，必须促进5S活动在事务部门的推行，彻底消除事务部门的各种浪费现象，提升办事效率，并为生产现场起示范作用。

学习目标

1. 了解事务部门的任务，明白事务部门推行5S活动的必要性。
2. 掌握文件的5S活动措施（确定文件管理流程、一个部门一套文件、抽屉的管理、文件的保管方式、统一纸张尺寸、统一文件夹的形式、文件夹的整理方法、文件夹夹脊的标识、文件的日期）的操作要领。
3. 掌握各类空间［办公室之间的间壁（隔墙）、办公桌面、共用办公桌、文件柜、整顿、暂时放置场所、储物柜、雨伞放置场所、公共区域］的5S操作要领。
4. 掌握办公用品的5S活动措施（办公桌内文具的整理、整顿，办公用品减少活动）的操作要领。

学习指引

序号	学习内容	时间安排	期望目标	未达目标的改善
1	事务部门为什么要推行5S活动			
2	文件的5S活动			
3	空间的5S活动			
4	办公用品的5S活动			

一、事务部门为什么要推行5S活动

（一）事务部门的任务

事务部门包括总务、行政、安全、财务、人力资源、生产管理、产品质量管理、采购、对外承包、生产技术、设计、设备保全和管理等部门。

事务部门有两项任务：第一项任务是生产工程的前期任务，包括设计、生产准备以及材料调配等；第二项任务是支援生产的任务，包括确保全体人员的教育、培训以及构建快捷的信息体系。

（二）事务部门推行5S活动的必要性

1.事务部门的常见现象

多数企业的事务部门都存在以下现象。

① 文件、单据过多。造成文件、单据过多的原因有很多，例如鼓励使用书面联络、书面报告和书面指示，多余文件不丢弃，答复其他部门的文件都整理成资料等。

② 必要的文件、单据却没有。企业外部、其他部门转过来的文件不及时答复，下次制作同类的文件、资料时，又从头开始制作；寻找文件和资料很费时间；不知道自己部门有些什么文件和单据。

③ 工作效率低。在事务部门工作的人员很多，而且多数是高学历者，但却经常听到有人抱怨他们"办事延误""错误率高""工作做得不好"等。

2.事务部门推行5S的目的

针对以上这些现象，在事务部门推行5S活动的目的有以下几点。

① 减少文件夹、文件和单据的数量。
② 来自企业外部及其他部门的文件尽早作答。
③ 扩大办公室的使用空间。
④ 减少文件、单据错误等。

二、文件的5S活动

事务部门在推行5S活动时遇到的首要问题就是文件和单据过多。例如，某些企业实施文件整理时发现，有一份文件被放在不同的文件夹里，寻找很费时间。

（一）确定文件管理流程

许多企业的文件和单据由各个部门、各个作业人员保管，没有一定的保管标准。执行5S时，应当首先制作文件和单据的管理流程：保管→保存→废弃。

保管就是将文件装在文件夹里，在工作场所的保管库里放置一定时间；超过一定时间就做废弃处理，或者移往仓库保存。

保存就是在仓库里永久放置或放置一定时间；除永久保存的文件外，其余文件到规定时间就做废弃处理。

（二）一个部门一套文件

在实施5S前，很多企业往往会遇到这种情况：各个作业人员根据自己的需要保管文件和单据，出现同一部门内的同一份文件和单据在多个作业人员处保管的现象。

为了减少不必要的文件，应实施"一个部门一套文件"的文件保管方法，即一个部门只保管一套文件，由作业人员保管的文件全部集中到一个地方，这样还可以做到资源共享。

（三）抽屉的管理

许多办公桌侧面附有抽屉，而抽屉中堆放着乱七八糟的文件、单据、书报等，很多私人物品、商品样品和不合格样本也混杂其间。

1.抽屉的整理整顿

① 清除不要的或不应该放在抽屉内的物品。
② 抽屉内物品要分类。例如，在抽屉外面标识清楚里面放置的物品（图10-1）。
③ 办公用品放置有序（图10-2）。
④ 常用的放置在上层，不常用的或个人用品放置在底层。
⑤ 制定措施，防止物品来回乱动。

第十章　事务部门的5S活动实施

图10-1　抽屉外面标识明确

图10-2　抽屉内的物品有序放置

2. 拆掉办公桌侧面的抽屉

为成功推行文件管理体系，企业必须实现个人保管文件的共用化。因此，办公室人员可拆除办公桌侧面的抽屉，这样做有以下两个目的。

① 有效地利用有限的空间。
② 实现文件的共用化。

（四）文件的保管方式

5S实施前，文件的保管方式一般是：文件都放在文件柜里保管，文件柜不够用时再购买。实施5S后，须重新确定文件的保管方式。

1. 公开的文件管理体系

公开的文件管理体系（图10-3）是指存放文件的文件柜长期呈开启状态，文件放置位置一目了然。

2. 非公开的文件管理体系

非公开的文件管理体系（图10-4）主要指对如会计相关文件和企业机密文件等不能公开的文件管理，这些文件都应放在加锁的、不能

图10-3　公开的文件管理体系

随便取阅的文件柜里。有些文件柜的门是用玻璃做的，这是出于方便保管的目的而设置的。

图10-4　非公开的文件管理体系

（五）统一纸张尺寸

5S实施前，事务用纸大体上采用A4纸，且没有特别的规定，一般根据从业人员的方便决定纸张的大小。实施5S后，企业应统一事务用纸、制图用纸、信纸等的纸张尺寸。

① 报告书、联络书、指示书等用A4纸（210毫米×297毫米）。

② 统计表、QC工程图、支付金额一览表等用B4纸（257毫米×364毫米）A3纸（297毫米×420毫米）。

③ 图纸用系列纸（A0～A4）。

④ 复印纸的纸张。规定事务用纸用A4尺寸的复印纸，表格用B4或A3尺寸的复印纸。办公室里只准备这几种尺寸的复印纸，不准备其他复印纸。

⑤ 信封的尺寸。统一使用能装进A4或A5纸张的信封。

（六）统一文件夹的形式

5S实施前，许多企业往往对文件夹的形式没有特别的规定，各作业人员会根据需要选择使用文件夹，采购部会根据各部门的要求订购文件夹。5S实施后，企业须统一文件夹的形式（图10-5）。

文件夹的形式有很多种，常见的有多页软文件夹、硬文件夹、单页软文件夹、悬挂文件夹。硬文件夹直接放在文件柜里保管，单页软文件夹和悬挂文件夹放在文件盒里再并排放在文件柜里。可以固定使用某种文件夹，实现文件装订的标准化。

图 10-5 文件夹统一

（七）文件夹的整理方法

5S实施前，企业对文件夹的整理没有特别的规定，各作业人员会根据需要选用合适并且方便的方法。5S实施后，企业应规定文件分类整理方法（图10-6）。以下为几种常见的分类方法。

图 10-6 文件、记录集中存放并用彩线分类标记

① 按客户分类。

② 按一份文件分类。

③ 按主题分类。

④ 按形式分类。

⑤ 按标题分类。

（八）文件夹夹脊的标识

5S实施前，多数企业对硬文件夹夹脊的标识没有特别的规定，各作业人员会按自己方便的方式标识。实施5S后，企业制定标示项目和标示文字大小的标准并发放给各个部门，各个部门按规定使用颜色加以区分。

1. 硬文件夹

① 颜色区分标签（市面上销售的硬文件夹夹脊标签纸有很多是按颜色分类的）。
② 主题、时间。
③ 同一主题的硬文件夹编号。
④ 文件柜编号。

2. 文件盒

① 颜色区分标签。
② 大类别的主题。
③ 小类别的主题、时间。
④ 文件盒编号。
⑤ 分类记号、编号。
⑥ 文件柜编号。

（九）文件的日期

5S实施前，许多企业的文件夹上没有记载文件的整理、整顿日期。5S实施后，作为文件管理的一环，企业应该定期（每月或每周）对抽屉和文件柜进行清理，分类清理出应保存的文件与应废弃的文件。

① 实施人员：该部门全体人员。
② 时间：早会结束后15分钟（如每周星期一）或早会结束后30分钟（如每月第二个星期二）。
③ 内容：自己的办公桌、自己负责的区域。

三、空间的5S活动

很多企业的事务部门都存在一些空间问题，如房间狭小、通道窄，放了文件柜和橱柜后，墙面无法使用等。

（一）拆掉各个办公室之间的间壁（隔墙）

在许多企业里，总务部、财务部的办公区域与其他部门（生产管理、产品品质管理、采购)的办公区域之间有间壁(隔墙)相隔。若实施5S,可拆掉间壁,这样一来,就可以充分地利用办公室的空间。另外,也可以在一定程度上改善总务部、财务部与其他部门(生产管理、产品质量管理、采购)之间的人际关系。

(二)办公桌面的管理

① 办公桌上可长期放置的物品有文件夹、电话机(传真机、打印机)、计算机、笔筒、台历、水杯。
② 允许张贴1～2张电话通讯录或与工作有关的参考资料。
③ 文件夹要求有明确的标志(如待处理、处理中、已处理等)。
④ 要求全部物品必须有定位线,定位线宽度不可超过0.3厘米。
⑤ 敞开式办公的桌面要求风格统一(图10-7)。

图10-7　5S活动开展后的办公桌

⑥ 抽屉标志:长×宽为(6厘米×3.5厘米);宋体、字号各区域统一;尽可能贴在抽屉的右上角;统一为白底黑字;建议选用A4白纸制作。

(三)节约空间——共用办公桌

员工都有单独的办公桌,若实施5S,除主管及主管以上级别人员保持不变外,其他员工可以几人共用一张办公桌,可节省部分空间。

可按照每2～4人配一部电话的比例配置,并放置在共用办公桌上,留较长的电话线,使电话能在办公桌上自由移动。

图10-8　多人共用一张办公桌

办公用具如圆珠笔、活动铅笔、橡皮擦、涂改液、量具、文件传达指南、记录纸等全部装在一个箱子（30厘米×15厘米×3厘米）里，放在共用办公桌的中央位置。确定一名员工每天检查箱子里的东西，如有缺损，及时补充。

（四）文件柜的整理、整顿

文件柜的整理、整顿要求如表10-1所示。

表10-1　文件柜的整理、整顿要求

序号	要求	说明
1	重新认识保管文件的标准	企业应重新制作文件保管的标准。文件保管一定时间后，应转到仓库保存
2	重叠放置文件柜	企业可改变以前文件柜单独、并排摆放的做法，而将其重叠放置，这样可节省出很多的空间
3	缩短文件柜的纵深	最适合使用的文件柜的纵深依次有400毫米、515毫米两种。三脚架也可做同样的改善。经过这样的改善之后，可节省出很多空间
4	增加文件柜的层数	增加文件柜、三脚架的层数，使文件柜、三脚架各放置层的高度与物品的高度一致。经过这样的改善之后，文件柜和三脚架上不再有浪费的空间
5	把文件柜搬到走廊上	企业可将各个部门的书籍、杂志等收集起来，在办公室之间的走廊上设置书架，将收集起来的书籍、杂志放在书架上。除经常使用的词典、便条之外，办公室里一般不放书籍和杂志

（五）设置暂时放置场所

以往员工常将样品、产品、材料等暂时放在办公桌的旁边，因此会使办公空间变得很狭窄，有时甚至放在经常开关的门前和随时可能使用的消火栓前面。企业可通过设置暂时放置物品的三脚架，让员工将样品、产品和材料等暂时放置的东西放在三脚架上。同时，要明令禁止在门前和消火栓前放置任何物品。

（六）储物柜的管理

① 对储物柜进行整理并标识，用分隔胶条和标贴分区。
② 储物柜门要有标志，同一区域的标志风格必须统一。
③ 公用的储物柜要有管理责任者，对此应明确并标识。

5S推行之后的储物柜如图10-9所示。

图10-9　5S推行之后的储物柜

（七）设置雨伞放置场所

晴天时，将雨伞架子放在办公室的楼梯下备用；下雨时，由总务部将雨伞架子搬出；可能会下雨的时候，则在判定要下雨之时将雨伞架子搬出来。也可制作一个专门的封闭型雨伞筒，使雨伞滴的水不会漏到地上而浸湿地面（图10-10）。

图10-10　设置雨伞架或封闭型雨伞筒

（八）公共区域管理

① 地面、角落清扫干净，无积尘（徒手抹过无灰尘）、纸屑；天花板上无蜘蛛网。

② 墙壁上无手脚印，无乱涂、乱画、乱张贴。
③ 窗台、窗帘干净、无尘（徒手抹过无灰尘）。
④ 各公共设施、设备（如桌椅、台柜、打印机、复印机、传真机等）无积尘。
⑤ 对于所有体积较小、易移动且须长期固定放置的物品，要有定位线及定位标志（图10-11）。

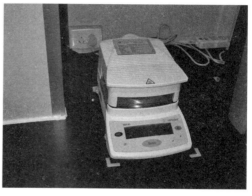

图 10-11　公共设施定位标志

⑥ 物品摆放整齐，标志到位（图10-12），并有明确的负责人。

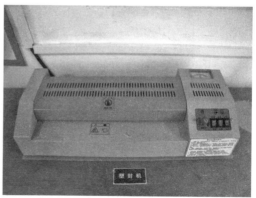

图 10-12　设备定位标志

四、办公用品的5S活动

事务部门在开展5S活动的过程中，如何对办公用品进行整理、整顿，减少办公用品的浪费是活动的重要内容之一。开展5S之前，在许多企业里普遍存在以下现象。

① 个人办公桌内办公用品过多，使用过程中浪费大（没有用完就过期或作废）。

② 办公用品重复库存多（公司、部门、班组、个人层层有库存）。
③ 办公用品品种繁多，购买的随意性大。

做好办公用品的5S活动，不仅能够使得办公桌变得洁净、美观，更重要的是能够减少浪费，节省开支。

（一）办公桌内文具的整理、整顿

许多员工的办公桌抽屉里放满了各式文具，一应俱全。有些企业的新员工在进入公司时可以领到笔、墨、橡皮擦、涂改液、回形针、裁刀、订书机、打孔器、各色本子、公文纸等20多种文具。

要解决个人办公桌内用品过多、浪费大的问题，做好办公桌内文具的整理、整顿工作是关键。

1. 制定部门及个人的持有标准

企业应制定对部门（部、科、班组等）和员工个人可以持有文具及其数量的规定，以避免不必要的重复持有（多层持有），同时要规定文具在用完之后才可以补充。一套文具示例见表10-2。

表10-2 一套文具示例

项目	内容	数量/单位	项目	内容	数量/单位
1	签字笔（黑色）	1支	9	裁纸刀	1把
2	签字笔（红色）	1支	10	透明胶纸	1卷
3	铅笔	1支	11	标签纸	1张
4	涂改液	1瓶	12	计算器	1个
5	30厘米直尺	1把	13	卷笔刀	1个
6	订书机	1个	14	橡皮擦	1块
7	订书钉	1盒	15	笔记本	1个
8	剪刀	1把			

2. 清点多余的办公用品

所有员工都应对照标准，清点目前持有的办公用品，将那些不用的或不常用的集中回收到部门办公用品管理员处或仓库中，将每天工作中经常用到的留下来作为个人持有，或作为部门或班组公用。

5S活动之后的一套文具如图10-13所示。

图 10-13　5S 活动之后的一套文具

3. 决定办公用品的摆放

企业应制定办公用品的合理摆放方法，如形迹定位管理、文具桌面摆放可视化等（图 10-14）。

图 10-14　办公用品定位管理

（二）办公用品减少活动

企业要减少办公用品的用量、节省经费，需做好如下的改善工作。

1. 尽可能减少个人持有量

企业应根据各个部门的工作特点决定满足工作所需最少的办公用品持有量。通常一个人常用的办公用品只有几种，如铅笔、黑色签字笔、红色的标记笔、笔记本等，负责文件处理的人可以外加一个小订书机，经常进行运算的员工可以外加一个小计算器。

2. 尽可能让办公用品发挥最大的功效

一些使用频率较低的物品可以变为部门或小组公用，如打孔器、剪刀、尺子、订书机、计算器等。可将这些共用物品放置在一个转盘上，以便大家拿取。

3. 最大限度地减少办公用品的品种

非必需的办公用品是多余的，可以不用或不买，如笔筒、双层文件盒等。

4. 最大限度地减少办公用品库存

① 企业实现办公用品统一管理。取消各部门的办公用品库存，需要时统一到有关管理部门领取。

② 实行办公用品预算管理制度。每个年度由各部门提出办公用品预算申请（与企业内的预算制定同步进行），经有关部门认可后可执行。在执行过程中，部门负责人对部门办公用品的使用情况自主监督和管理。

③ 供应商即时供货方式。企业可要求供应商在交货时间和供货方法上给予改善和合作，以减少库存量。

第十一章

5S定期内部审核

导 读

内部审核是为评价5S活动和有关结果是否符合公司的期望与要求,以及寻求继续改善的可能性空间而进行的内部自我系统性检查。审核作为一种重要的管理手段,及时发现现场管理中的问题,组织力量加以纠正或预防。审核作为一种自我改进的机制,使5S体系持续地保持其有效性,并能不断改进,不断完善。

学习目标

1. 了解5S内部审核的含义。
2. 掌握内审的前期准备、5S审核的实施、纠正措施的跟踪、5S评审报告等内审各个环节的操作步骤、方法和细节。

学习指引

序号	学习内容	时间安排	期望目标	未达目标的改善
1	5S内部审核的含义			
2	内部审核的前期准备			
3	5S审核的实施			
4	纠正措施的跟踪			
5	5S评审报告			

一、5S内部审核的含义

（一）何谓5S内部审核

5S内部审核是指为评价5S活动和有关结果是否符合企业的期望及要求，并寻求继续改善的可能性空间而进行的内部自我系统性检查。

（二）5S内部审核的内容

审核内容包括5S活动及其结果是否符合计划的安排，这些安排是否能有效地贯彻5S活动，贯彻的结果是否能达到目标等。

（三）5S内部审核的范围

企业内部的所有部门都在审核的范围内。在实际工作中，各企业可以按照本企业规定的程序和方法进行。

（四）5S内部审核的时机、频度

每个部门至少每半年审核一次，而且各部门每个月有一到两次集中的巡查式审核。发生严重的问题或生产场所有较大整改时，可以进行临时性的项目审核。

（五）内部审核的流程

内部审核的流程如图11-1所示。

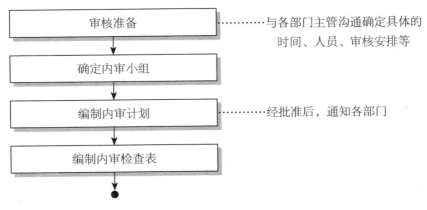

图11-1

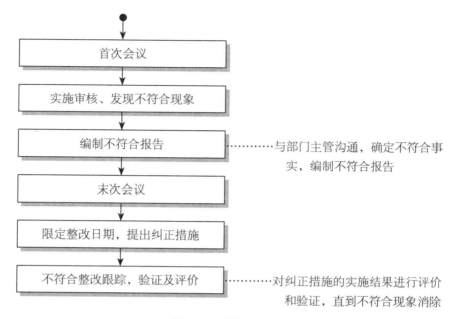

图11-1 内部审核流程

二、内部审核的前期准备

（一）5S内部审核的准备工作

企业开展5S内部审核前，要准备好以下物品、文件。

① 数码相机。

② 检查表，包括生产车间5S检查表、仓库5S检查表、办公室5S检查表等。

（二）内部审核小组组建

1. 选择内部审核组长

内部审核组长通常由总经理任命。担任这一职务的员工需要满足以下几个条件。

① 较强的组织能力。

② 丰富的管理经验。

③ 熟悉并掌握企业各部门的情况。

④ 具备内部审核员资格，具有较强的审核经验和技巧。

2. 确定审核人员

组长提出审核组成员名单，报总经理批准。担任审核员的员工需要满足以下几个条件。

① 经过相应的培训，具备内部审核员资格。
② 熟悉组织的管理业务。
③ 了解各部门的情况。
④ 熟悉并掌握5S标准和审核知识与技能。
⑤ 具备分析判断、独立工作和应变的能力，有一定的文字写作能力。
⑥ 为人正直、客观、公正、认真、明断。

企业在开展5S内部审核时，要确保被审核的区域与审核员没有直接的业务关系，否则容易影响审核的客观性和公正性。

（三）制订审核计划

1. 审核计划的范围

每一次审核的具体安排：可安排某些时间对某区域进行审核，也可以安排某个时间对某个项目或某个要素进行审核。

2. 制订审核计划

① 要形成正式文件。
② 须有5S推进委员会主任的批准。

3. 审核计划的内容

① 本次内部审核的目的。
② 审核的范围（要素或区域）。
③ 审核所依据的文件（标准、手册及程序）。
④ 审核组成员的名单以及分工的情况。
⑤ 审核日期。
⑥ 审核地点。
⑦ 被审核的部门。
⑧ 首次会议、末次会议以及审核过程中，需要安排的与受审核方的领导，或者相关的主管人员交换意见的会议安排。
⑨ 每一个项目主要审核活动的预计日期和持续时间。
⑩ 审核报告的分发范围以及发布的日期。

以下提供××公司的季度5S评比审核计划，供读者参考。

他山之石

××公司____年第____季度 5S 评比审核计划

序号	审核区域	审核班组/范围	审核小组	受审区域负责人	审核方式
1	配料区域	保健食品厂	A组 组长：组员：	韩××	
		日用化妆品厂		陈××	
2	分装区域	保健食品厂	B组 组长：组员：	陈××	
		日用化妆品厂		韩××	
3	物料仓储区域(厂部含成品周转平台)	日化厂（供应组物料管理区域）	D组 组长：组员：	刘××	
		食品厂（供应组物料管理区域）		叶××	
		物料供应部各区域		关××	
		仓储部		王××	
4	品质检测/监控区域	检测中心	E组 组长：组员：	章××	
		微生物室		范××	
		来料监控组		马××	
		日化过程监控组（含车间PQC室）		颜××	
		食品过程监控组（含车间PQC室）		童××	
5	工程设施区域	电工组（电房、污水处理站）	F组 组长：组员：	王××	
		设备配件仓		蔡××	
		机修组（机修房、车间机修区域）		祝××	
		能源供应组（热交换站、空压机房）		余××	
备注	审核流程梳理	（1）审核小组组长与各审核员确认审核时间→（2）至现场审核→现场审核沟通、确认→（3）审核小组整理审核结果→（4）受审班组负责人、部门主管确认审核结果→（5）受审班组/区域开始对审核发现的问题点进行整改→（6）审核小组将最终确认的审核结果评分表及现场审核记录表提交5S推行委员会秘书处→（7）（秘书检查所有审核情况，将审核结果汇报至5S推行委员会主席，确认后发出审核结果通知）审核小组跟进受审核班组/区域的整改情况，对整改结果予以确认→（8）整改有效完成后，将整改反馈表提交至5S推行委员会秘书处			

三、5S审核的实施

（一）召开首次会议

审核小组与被审核方负责人召开首次会议，主持人一般为审核组长。

1. 首次会议的内容

① 人员职责分工的介绍。
② 审核计划内容的再次确定。
③ 修改事项的说明与确定。
④ 审核员对被审核方的意见的收集。

2. 首次会议的目的

① 审核的范围和目的，澄清审核计划中不明确的内容。
② 简要地介绍审核采用的方法和步骤。
③ 确定审核组与被审核方领导都要参加的末次会议的时间，以及审核过程中各次会议的时间。

3. 首次会议的要求

① 要建立审核活动的风格。
② 准时、明了、简明，会议尽量不要超过半小时。
③ 获得被审核方的理解和支持。
④ 由审核组长主持会议。

4. 参加首次会议的人员

审核组的全体人员、高层管理者、被审核方的负责人以及5S推进委员会所有的成员。

5. 首次会议的议程

① 会议开始。要求会议人员签到，审核组长宣布会议开始。
② 人员介绍。审核组长要介绍审核组的组成人员以及每一位人员的分工。
③ 组长声明审核的范围。明确审核的目标、审核依据的标准和审核将涉及的部门。
④ 现场确认审核计划。
⑤ 强调审核的原则。审核以客观公正为原则，说明审核以抽样形式开展，说明审核人员相互配合的重要性，同时也要提出不符合报告的形式。
⑥ 说明重要问题。被审核方根据需要对有疑问的问题等做出说明与澄清。
⑦ 确定末次会议的时间、地点及出席人员。

⑧ 会议结束。

（二）执行审核

1. 主要审核内容

① 执行标准是否贯彻实施。

② 全员意识是否建立。

2. 审核思路

审核思路示意如图11-2所示。

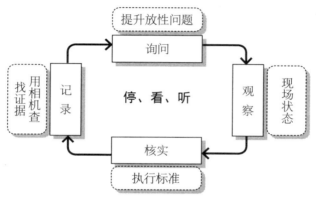

图11-2 审核思路示意

3. 审核活动的控制

① 按计划执行。

② 按执行标准每项查到。

③ 注重关键岗位和运行控制的主要问题。

④ 注意收集5S体系运行有效的证据。

⑤ 保持良好的审核气氛。

4. 执行审核要点

① 停止交谈或打断回答。

② 集中理解和领会被审核者的讲话思路及潜在含义。

③ 保持开放式的交谈。

④ 保持目光对视并不时给予口头鼓励。

⑤ 表现出浓厚的兴趣，使被审核者有足够的信心。

⑥ 当交谈中出现刺激审核员的言辞时，应保持情绪平衡。

⑦ 当有不同意见产生时，应检讨和澄清审核中发现的问题。

⑧ 鼓励被审核人员向审核员反映问题。
⑨ 适时解释或归纳。

审核组在进行审核时，用于发问和现场查看的时间一般分别为20%和80%。

（三）提出不符合项

对于在现场审核中发现的不符合点，应该拍下照片，用箭头标出不符合点，并用文字明确地描述不符合的情况。具体做法如图11-3所示。

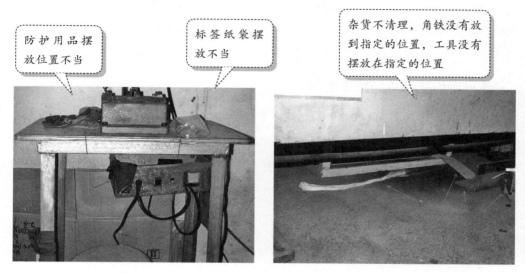

图 11-3　不符合项标示

（四）出具不符合报告

审核完毕后，审核组要出具不符合报告，说明不合格事项，并把判断依据等填写清楚，具体如表11-1所示。

表 11-1　5S检查不符合报告

受检查部门：　　　　　　检查员：　　　　　　检查日期：　年　月　日

序号	不合格事项说明	依据	确认	预计改善完成日期	改善跟进

（五）审核组会议

一般来说，每天审核结束后以及整个现场审核活动结束后，审核组都应进行内部交流、沟通和协调，掌握审核进度，互通信息，互补印证，对审核结果进行分析，以确保审核判定的准确性。

四、纠正措施的跟踪

对于在5S审核中出现的不符合现象，企业应该采取相应的纠正措施或预防措施，所有的纠正措施与预防措施都必须得到验证。5S审核的目的在于力求改进、彻底纠正所发现的不符合现象，注重以落实与预防为主为原则，针对不满意的方面采取预防措施。

（一）纠正措施的跟踪责任

1.审核人员的责任

① 找出不符合项。
② 提出纠正措施要求和实施完成期限。
③ 进行跟踪验证。

2.受审核方的责任

① 确认不符合项并分析原因。
② 制定和实施纠正措施。
③ 检查纠正措施的完成情况，做好记录。
④ 及时向审核组提交不符合项报告原件及纠正措施完成情况的证明材料。

（二）纠正和预防措施的程序

纠正和预防措施的程序如图11-4所示。

第一步	要调查、判断不符合的原因并进行分析，针对人、机械、材料、方法、环境等不同方面的问题，找出原因
第二步	制订纠正和预防措施的实施计划
第三步	是否对控制纠正和预防措施进行了具体而有效的实施
第四步	检查纠正和预防措施的效果

| 第五步 | 对效果的有效性进行验证 |

| 第六步 | 巩固经验、巩固验证有效的成果就是更新文件以及标准化，对于不明显的问题，可以进入下一个循环，然后另外采取更有效的纠正措施 |

图11-4　纠正和预防措施的程序

（三）纠正和预防措施的计划要点

1.职责明确

需要明确的职责有：谁负责组织纠正和预防工作的开展，谁负责制订计划，计划中的每项具体工作由谁负责完成，谁负责检查监督，谁负责验收并评价，谁负责进行成果巩固。

2.报告与记录

对审核中发现的问题，以不符合报告或其他报告的形式通知被审核方。如果问题较严重，必须由总经理或5S推进委员会的最高领导进行决策。

审核人员在实施的过程中，要记录产生不符合的情况，记录各项纠正和预防措施的主管部门及人员，还要记录各阶段工作的进展情况。由5S审核组长、5S推进委员会主任来验证与总结纠正和预防措施的状态。

3.验证与总结

对于纠正和预防措施，要有效地进行验证，及时总结经验和教训。发现不足之处，一定要及时报告，必要时还要采取升级行动。

（四）实施状况跟踪

跟踪是审核的继续，是对被审核方的纠正和对预防措施进行评审、验证、判断效果，并对验证的情形进行记录。

1.跟踪的形式

审核人员到现场进行跟踪、验证之后，以书面形式提供工作报告至跟踪工作负责人，作为已开展纠正和预防措施的证据。

2.跟踪职责

① 证实被审核方已经找到不符合的原因。

② 证实采取的纠正和预防措施是有效的。

③ 在跟踪过程中，审核人员要证实所涉及人员对纠正和预防措施有所认识，并接受了适当的培训，以适应变化后的情况；记录被审核方所采取的纠正和预防措施；

对有关文件进行改进；向审核组长报告跟踪的结果。

3.跟踪程序

① 审核组要识别实际或潜在的不合格。

② 审核组要向被审核方提出采取纠正和预防措施的建议，向被审核方发出改善通知。

③ 被审核方要提交纠正和预防措施的计划。

④ 对采取纠正和预防措施的可行性予以评审。

⑤ 被审核方实施并完成纠正预防措施。

⑥ 审核人员对审核状况不满意时，可以要求审核部门采取进一步的行动。

以下提供××公司5S评比现场审核记录与不符合项整改反馈表及纠正及预防措施通知，供读者参考。

（1）

××公司____年第____季度5S评比现场审核记录与不符合项整改反馈表

部门/（班组/区域）：

5S要素	比重/%	规范要求	评分原则	发现点记录			整改反馈	
				发现点/创新亮点描述	扣分	加分	现场图片	整改后描述	整改后图片
1S整理 18%	18	现场无非必要和使用频率低的物品（包括物料、工器具、文件、记录等），现场废弃物及时处理	每项扣2分						
2S整顿 34%	10	（1）各种物料及区域均有标识，标识内容清楚、完整，无涂改现象	每项扣2分（第3点出现单一不符合项可酌情扣1分）						
		（2）标识内容合理易懂，与现场活动/生产或设备运行状态一致							
		（3）标识规格、颜色、字体统一、美观，标识卡颜色应遵循通用标识状态对应的颜色（如黄色为待检状态、红色为不合格、绿色为合格等）							

续表

5S要素	比重/%		规范要求	评分原则	发现点记录				整改反馈	
					发现点/创新亮点描述	扣分	加分	现场图片	整改后描述	整改后图片
2S整顿 34%	标识	10	（4）标识卡/牌无褶皱、无褪色现象，固定且不易脱落	每项扣2分（第3点出现单一不符合项可酌情扣1分）						
			（5）危险处有必要的警示标识，标识颜色为红色，需醒目，语句正式、严肃							
	定位	8	（1）各种生产物品、辅助工具（包括临时性放置的物品）、急救物品（如消防器材、防护用品）等现场物品/物料均定位放置，且定位合理、整齐美观、方便拿取	每项扣2分						
			（2）定位线完整、合理、清楚							
	摆放	8	（1）现场各种物品/物料分类摆放，物料和产品离墙离地、整齐美观，从摆放美观、安全考虑，需在相关物料、产品存放区设定限高线，规定高度与摆放量	每项扣2分						
			（2）现场人流、物流通道畅通无阻							
			（3）各类物品/物料按定位区域、相应的标识整齐摆放							
			（4）工具用完后及时放回定位点							

续表

5S要素	比重/%	规范要求	评分原则	发现点记录			整改反馈	
				发现点/创新亮点描述	扣分	加分	现场图片	整改后描述	整改后图片
2S整顿 34%	通告栏、现场看板 4	（1）整齐、简洁、美观、实用	每项扣1~2分						
		（2）通告栏要物尽其用，按规划张贴现场需要文件（如未按规划张贴相关信息，空缺情况根据实际评定）							
		（3）新下发的文件及时张贴，无过期不用的文件							
		（4）生产信息看板记录及时、准确，体现实际生产情况；区域生产状态标识与实际一致							
	现场办公区 4	（1）办公桌完好，桌面干净、物品摆放整齐	每项扣1~2分						
		（2）无与生产无关的物品（包括与工作、生产无关的书籍资料）							
		（3）文件分类归档，标识统一、美观。受控文件摆放需按文控中心规定放置							
		（4）现场记录填写规范、完整，按时按要求记录							

续表

5S要素	比重/%	规范要求	评分原则	发现点记录			整改反馈	
				发现点/创新亮点描述	扣分	加分	现场图片	整改后描述	整改后图片
3S 清扫 14%	14	（1）现场工作环境（包括地面、墙壁、天花板）、各种物品（包括设备/设施、仪器、工具、办公桌、衣柜、鞋柜等）清洁卫生，无积尘、无积水、无脏污，无卫生死角	每项扣2分						
		（2）机器设备定期且正确保养，保持清洁，破损的物品及时更新或修理							
4S 清洁 12%	12	（1）现场利用各种目视、看板管理，利用各种颜色区分各种物品（包括物料、工具、管道、开关等）的状态	每项扣2分						
		（2）使用检查表对现场各项操作进行定期和不定期检查，并对不符合的情况做出及时的纠正，以维持前3S的成果							
5S 素养 14%	14	（1）工作态度端正、谦虚，自觉遵守公司规章制度（包括员工手册、行为规范）、各生产操作规程、各工序操作规范、各体系运行要求等既定事项，主动维护现场秩序、卫生，言谈举止礼貌有度	每项扣2分						
		（2）对上季度提出的不符合项或建议改进项需积极改进并加以效果维持							

续表

5S要素	比重/%	规范要求	评分原则	发现点记录			整改反馈	
				发现点/创新亮点描述	扣分	加分	现场图片	整改后描述	整改后图片
其他 8%	8	上季度审核提出的整改项，需采取有效的改进措施，并加以保持（未改进项每项扣双倍分）	每项扣2～4分						
合计	100	—		—	0	0	最终得分	100	

注：各项目的扣分不受比重限制，得分可出现负分

审核小组审核总结：
审核人/日期：　　　　　　　　　　　　　受审核部门主管确认/日期：

被审核班组/区域负责人确认：　　　部门主管确认：　　　审核小组确认/日期：

他山之石（2）

××公司纠正及预防措施通知（实例）

不合格点的说明：　　　　　　　　　　　　编号：_____

审核日期：____月____日　　　　　　　　审核员/记录员：_____

审核地点：_____楼仓存区　　　　　　　违反标准：_____

改善前相片

	不合格点的说明：
	闲置木柜、铁柜、传送带、包装机、垫模板、超声波洗缸等放置较乱，未明确定位存放及标记状态

纠正及预防措施：_____

纠正人：_____　　　　　纠正日期：____年____月____日

改善前相片	纠正及预防措施：
	划分区域、分类摆放、明确责任人

跟进结果：合格。×月×日跟进时，该区域已重新划分，机器及物料均重新摆放整齐和标示清楚

跟进者：_____　　　　审核：_____年____月____日

4. 跟踪要点

对于采取的纠正和预防措施，如果效果不好，企业应该重新采取措施，并进行更细致的跟踪检查；如果纠正和预防措施有效，则应该采取巩固措施。

> 跟踪任务可由原审核组的成员执行，也可以委托其他有资格的人员执行。实施跟踪的人员必须了解该项跟踪工作的资料和情况。

5. 跟踪检查报告

跟踪检查报告是针对重大的纠正或预防措施的跟踪情况所形成的书面报告，可以根据具体情况提出一条或若干条纠正和预防措施，并进行纠正和预防措施实施结果的判断。报告是由跟踪检查人来撰写的，由跟踪工作负责人，如审核组长、5S推进委员会的主任来批准。以下提供××公司的5S跟踪检查报告，供读者参考。

他山之石（3）

××公司 5S 跟踪检查报告

序号	不良状况描述	责任部门	部门主管	改善措施或处理结果	改善完成时间	内审小组跟踪确认
1	工程部物料仓门开关盒上无标识	工程部	张××	已改善		
2	工程部物料仓小材料盒的标识不规范	工程部	张××	未完全改善		
3	工程部物料仓用超量皱纹胶纸贴电源线	工程部	张××	已改善		
4	工程部制板房模具生锈严重（绕线帽）	工程部	张××	已浸油		
5	样品摆放在地面上，建议做样品货架	工程部	张××	还在焊样品架		
6	工程部饮水处的水桶摆放很乱	工程部	张××	已改善		
7	工程部所有灭火器上都有脏物	工程部	张××	已改善		
8	品控部产品寿命测试房的右侧外墙有裂缝	品控部	李××	已改善		
9	品控部产品寿命测试房的一间配电室里，三个正在工作的电箱的内部温度很高，没有排风系统（排风扇已请购回来，待安装）	品控部	李××	风扇已装，待接电源		

五、5S 评审报告

审核组组长负责编写 5S 审核报告，并对报告的准确性和完整性全面负责。

（一）5S 审核报告的内容

① 被审核方的 5S 状况是否符合企业规定的标准。

② 审核的时间、地点、范围、方式及参与人员。
③ 审核发现的不符合项及其改进措施、效果跟踪等。

（二）审核报告的发行

审核报告必须通过审核组组长和5S推行委员会主任的审批认可。审核报告应该在规定的时间内按照清单进行发行，被审核方或接收部门必须书面签收，并按要求进行管理或改进。

以下提供某公司的5S评审报告，供读者参考。

5S 评审报告					
				日期：____年__月__日	
发出小组		评审组长		日期	
被评审部门		评审范围			
依据、标准	5S检验标准				
评审类型	□定期（月份评审） □不定期				
不符合项：					
评审员		日期		部门代表	日期
原因分析：					
				部门代表	日期 _____年__月__日
改善行动：					
				部门代表签名	完成日期 _____年__月__日

续表

预防行动:					
	部门代表签名		完成日期	____年__月__日	
跟进结果:					
实际完成日期		评审组长		日期	____年__月__日

改善提案活动管理

　　改善提案是指公司各岗位员工的改善、改进，革新的工作及想法。活动的目的是充分发挥广大员工的积极性，自发参与改善，不断提高素质，提升公司的生产和管理水平。推进提案改善活动最为核心的目标是要培养员工并为他们提供一个展现自我的平台，让每一名员工都能成为问题的发现者和解决者，以此在企业内部形成一种持续改善的理念、一种尽善尽美的文化。

　　本篇主要由以下章节组成。

➪ 改善提案活动概述

➪ 改善活动的操作步骤

➪ 现场改善的工具

第十二章 改善提案活动概述

导 读

改善提案活动是公司通过一定的制度化奖励措施，引导和鼓励员工积极主动地提出并实施任何有利于改善企业经营品质、提高企业管理水平的革新建议、改进意见和发明创造等的活动。

学习目标

1.了解改善提案活动的作用，明白改善全员参与的必要性及改善的目的是解决问题。

2.掌握改善提案活动的开展措施（即明确改善提案活动要求、鼓励全体人员积极提出提案、积极开展各类评比和展示活动、完善提案评价和奖励制度、提高员工的参与意识）等的要求、操作步骤和方法。

学习指引

序号	学习内容	时间安排	期望目标	未达目标的改善
1	改善提案活动的作用			
2	改善是全员参与的事			
3	改善的目的——解决问题			
4	改善提案活动的开展措施			

一、改善提案活动的作用

长期坚持开展改善提案活动,最终可以培养自主、积极进取的员工,塑造积极向上的企业文化。改善提案制度可以发挥如下作用。

① 培养员工的问题意识和改善意识。
② 改善员工的精神面貌,创建积极进取、文明健康的企业文化。
③ 提高员工发现问题和解决问题的能力,提高员工的技能水平。
④ 改善员工工作环境,促进员工满意度。
⑤ 改善设备的运行条件,提高设备运行效率。
⑥ 培养员工从细微处着眼消除各种浪费、损耗,降低成本,提高效率的意识。

除此之外,只要提案活动被充分激活,那么许多问题或不良苗头都会被解决和消除在萌芽状态。

二、改善是全员参与的事

改善是一种提高人的品质的有效途径,它要求每一个员工必须立足现地、现物、现实(时)和坚持原理、原则,将自己融入整个团队当中。

改善不是技术部或者工程部一两个人的事,而是一种理念、一种态度,企业中的每一个人都要共同参与改善。

在这样一种理念中,改善既不是大变革,也不只是技术创新。它是从小问题做起,对本工序、本班组不完善的项目提出改善建议,从作业动作、作业场地、夹具、工具、搬运、搬运工具、机械设备、材料、工作环境等方面入手,开展全方位的改善活动。改善的题目大小、范围不限,主题不仅仅是品质方面,也可以涉及其他方面,改善也不必追求有显著的效果,只要是能够比现况提高一步即可。哪怕是只能节约一分钱,缩短一秒钟的作业时间都是现场改善的目的。

提高效率(少用人员和工时),保证和提高质量(减少不良),改善工作环境(5S、安全),降低成本(减少场地、经费、节约能源、提高材料利用率)等多方面都是改善的内容。

企业应在公司内形成这样一个概念:本职工作=日常工作+改善。

三、改善的目的——解决问题

(一)什么是问题

问题是"非解决不可的事项"。所谓问题,如图12-1所示,指"应有的状态"和

"现状"的差距。应有的状态的内容是计划、指令、标准、法令、想法等（表12-1）。

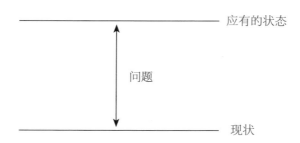

图 12-1　问题即应有的状态与现状的差距

表 12-1　应有状态的内容

应有状态	问题举例说明
计划	工作的结果未达到计划的目标时，或实际的费用超过预算时，其差距就成为"问题"
指令	在上司指定时间内未完成工作，其延迟就是"问题"
标准	不具备规格所规定的性能时，就是"问题"
法令	依据道路交通法，禁止饮酒驾驶。一旦饮酒后驾驶，就是"问题"
想法	认为OA完全系统化为理想，但目前仍是各自引进个人计算机、文字处理机，这也是"问题"

如图12-2所示，应有的状态与现状一致时，就没有问题。但是，在这种状态下，如果提升到如B所示的应有状态时，将产生新的C问题。这是创造问题。也即依主管的某种想法，把"应有的状态"提升，就是创造问题。战略领域问题，多数是属于这种类型的问题。

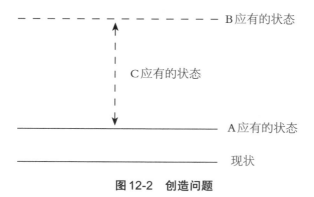

图 12-2　创造问题

（二）工作场所中大多存在问题

现在乍看是平稳而无特别问题的工作场所，如果详细观察实况就会明白，其实隐藏了以下各种问题（表12-2）。

通过以下分析会发现，工作场所中，到处都是问题。而且，最大的问题是，部门主管对这种问题的认识到底有多少？

表12-2　工作场所中隐藏的各种问题

类别	说明	举例
未解决的问题	虽然已经着手解决，却尚未完全解决 问题已经发生，但尚未着手解决	倾全力制造延迟交货期的产品，但尚未交给顾客 交货量未达到接单量，但尚未着手未达成部分的制造
半解决的问题	因为某种情况，在尚未完全解决的状态下，停止解决问题	不符合规格、性能的产品，以折扣价解决的情形等
隐藏的问题	实际上已经发生问题，却未察觉问题的存在而放置未处理	承办人挪用公款，但周围的人尚未发现
今后创造的问题	把应有的状态提升来创造问题	事故率维持现状，就没有什么特别问题。但把事故率减为现状的一半时，该如何处理等

（三）各式各样的问题

1.业务层次的问题

例如，计算错误、联络错误等，都属于这种类型的问题。如果依据手册或规程正确工作，应该不会发生问题。但是，这种类型的问题却发生了，这表示承办人未依照手册或规程工作。其真正原因是，部门主管对下属没有正确教导手册或没有了解下属的工作状况等。

因此，这种问题的解决方法是，彻底实施手册或规程等的教育，同时正确管理下属的工作状况。

2.管理层次的问题

对下属业务的分配不适当，或未进行对手册改订部分的指导等所发生的问题，都属于管理层次的问题。承办人的责任当然小，而大部分的责任却归咎于部门主管。

为了解决这种问题，必须进行正式的改善作业。

3.战略层次的问题

引进计算机控制的完全自动化加工装置、工厂的重建、在今后三年进行某产品的开发与生产等,都是属于战略层次的问题。这种问题,大致可分为经营战略层次问题与部门战略层次问题。经营战略层次问题,以部门主管的权限,通常不能解决。但是,不能因此而漠不关心。部门主管必须经常对其表示关心,积极给战略制定部门提供有用的信息或意见。因为受经营战略影响的是部门主管本身,而工作第一线的信息,对制定战略极为重要。此外,部门战略的问题,就是部门主管如何处理今后承办部门的问题。这个问题,才是考验部门主管本身的真正价值。

四、改善提案活动的开展措施

改善提案活动要求,具体如表12-3所示。

表12-3 改善提案活动要求

序号	要求	具体说明
1	尽量不拒绝任何提案	(1)任何提案,只要是有积极意义的都应给予受理、评价和奖励,长期坚持这样做才能有效保持员工提案的积极性 (2)对于毫无建设意义的建议,可以拒绝;但是在拒绝的时候,应该对当事人进行必要的说明,并给予必要的指导
2	鼓励先进,指导后进	(1)在任何一次活动中,都要坚持以表扬为主的原则,让员工从表扬中体会到参与的成就感和乐趣,以便后进员工学习和效仿 (2)分析后进的原因并帮助他们。后进部门和员工之所以后进,可能的原因主要有两个方面:一方面是对问题的认识不够清晰;另一方面是对活动的方法掌握不好。这两个方面的原因都不是简单的批评和指责所能解决的。要改变现状,帮助他们分析活动推进不好的原因,让他们认识到改善的重要性,或者施以改善方法的教育,帮助他们改变现状
3	按规定进行评价、奖励	(1)评价奖励工作要高效及时,不能拖拉。因为只有这样做才能够让员工体会到他的提案受到了重视和关注 (2)对事先在奖励制度中约定的奖金一定要兑现,不能以任何形式和理由减少或克扣奖金 (3)如果发现奖金制度设置不合适,就应该对相关的奖励制度进行调整

第十三章 改善活动的操作步骤

导 读

改善活动的目的在于从事改善,但是若每一位从事改善的人员,缺乏改善活动步骤的指引,改善的活动可能处于一种忙乱和无所适从的状态,那么最终改善的成效也有限。本章主要介绍一个具体项目的改善活动的操作步骤。

学习目标

1.了解一项具体的改善活动有哪些操作步骤:找出问题点、建立改善目标、制订实施计划、详细调查现状、考虑改善方案、改善方案的实施、确定改善的成果、改善结束——成果标准化。

2.掌握改善活动的各个步骤的具体操作要求、方法和措施。

学习指引

序号	学习内容	时间安排	期望目标	未达目标的改善
1	找出问题点			
2	建立改善目标			
3	制订实施计划			
4	详细调查现状			
5	考虑改善方案			
6	改善方案的实施			
7	确定改善的成果			
8	改善结束——成果标准化			

一、找出问题点

员工对于工作场所的改善,应随时抱着积极的态度以及强烈的欲望,这有赖于平时就存有如下的观念:任何一件事永远无法达到完善的境界,且必定有加以改善的余地。

只要时时有这种想法与态度,员工就不难发现问题存在哪里。员工如果抱有已经完全改善或者问题多如牛毛,不知从何处着手才好的想法,那么,可能就与进步这两个字"绝缘"。

员工想要找出问题点,往往需有如下的态度。

① 必须存着到处都有问题的念头。
② 时时要保持着疑问,想想是否能一直维持现状。
③ 坦诚地观察一切问题。
④ 不要只做已规定的事情,还必须具有自主性、积极性。
⑤ 仔细观察,再凭资料判断。

对于提高效率方面,只要能够了解自己工作的效率(包括作业时间、等待时间……),就容易找到问题点。对于效率指标的变化,表示关心和重视的话,问题点就很容易显现出来。如果加工程序时常改变,物量或者单位时间的效率很难把握的话,则可以凭实际时间/标准时间(或者预算时间)的指标来评估。

(一)问题点的所在

很多生产现场都有不少问题,不过,并非都是显而易见的。一般来说,随着工作场所的性质不同,发现问题的方式也不同(表13-1)。

表13-1 问题点所在一览

场合的不同	问题点的所在
初级	在自己的工作场所中以及工作中 (1)感到工作劳累时 (2)对工作的做法感到困惑时 (3)感到浪费、勉强以及不均衡时 (4)工作失败时 (5)在工作中受伤时 (6)做很艰难的工作时 (7)从事危险的作业时

续表

场合的不同	问题点的所在
中级	（1）放眼看自己的工作场所、工作以及制品 ① 设备的故障 ② 重新书写的作业记录 ③ 故障报告书 ④ 不良产品报告书 ⑤ 产品检查记录 （2）制造工序的瓶颈 （3）作业工序表、生产计划表、作业标准书
上级	（1）其他部门、其他各种场合 ① 前后工序的要求 ② 抱怨 ③ 消费者的抱怨 ④ 承包 ⑤ 供应商所发生的问题 ⑥ 间接部门的要求 ⑦ 抱怨 （2）部门、车间方面的重要问题点，部门、车间的目标，部门、车间的方针 （3）部门、车间、工作场所的"慢性问题"（不良……） （4）长期的问题 （5）年度生产，中期计划，新产品计划

（二）问题点的找法

与其一个人苦思冥想，不如以群体的方式协同研究。不管是否有很多的问题点存在，如果察觉能力不够，对找寻问题点根本就是奢求。

基于各场所的性质，找出问题的着眼点，如表13-2所示。

表13-2 找出问题的着眼点

场合的不同	着眼点
初级	（1）大家的交谈 （2）人员的提案 （3）发牢骚以及抱怨的话 （4）各种资料：员工、上司的意见和指示 （5）其他的活动事例 ① QC部门大会 ② 交流会 ③ 论文发表，FQC杂志

续表

场合的不同	着眼点
中级	（1）上司的方针及目标 （2）各种资料 （3）听取前后工序的意见 （4）领导人员的会议 （5）其他的活动事例 ① QC部门大会 ② 交流会 ③ 论文发表 （6）人员的提案、交谈 （7）询问员工、上司
上级	（1）部门的方针 （2）管理项目 （3）各种资料的分析 （4）初级、次级的项目

（三）检查表

在此所介绍的方法，都是以检查表来检查现实的方法。建议读者参考以下的样本，来开发配合工作场所实况的检查表加以活用。

1.三不法

以不浪费、不均衡、不过度等观点检查工作场所的状况，发现问题。具体可运用"三不检查表"来进行（表13-3）。

表13-3　三不检查表（关于过度、浪费以及不均的检查表）

	作业人员	机械、设备	材料
过度	（1）作业人员是否太少 （2）人员的配置是否适当 （3）能否工作得更舒服一点 （4）能否更为清闲一点 （5）姿势 （6）处理方面是否有勉强的地方	（1）机械的能力是否良好 （2）机械的精度是否良好 （3）量测器的精度是否良好	（1）材质、强度是否有勉强的地方 （2）是否有难以加工的地方 （3）交货期是否有勉强的地方

续表

	作业人员	机械、设备	材料
浪费	（1）是否有等待的现象 （2）作业余暇是否太多 （3）是否有浪费的移动 （4）工作的程序是否良好 （5）人员的配置是否适当	（1）机械的转动状态如何 （2）钻模是否妥善地被活用 （3）机械的加工能力（大小、精度）是否有浪费之处 （4）有否进行自动化、省力化 （5）平均的转动率是否恰当	（1）废弃物是否能加以利用 （2）材料是否剩余很多 （3）修正的程度如何 （4）是否有再度涂饰
不均	（1）忙与闲的不均情形如何 （2）工作量的不均情形如何 （3）个人差异是否很大 （4）动作的联系是否顺利，是否有相互等待的情形	（1）工程的负荷是否均衡，是否有等待的时间、空闲的时间 （2）生产线是否平衡，是否有不均衡的情形	（1）材质是否有不均的现象 （2）是否有发生歪曲的现象 （3）材料是否能充分供应 （4）尺寸、精度的误差是否在允许的范围之内

2. 5W1H法

从5W1H法（Who，What，When，Why，Where，How）的观点，检查工作场所的状况。How可分成How to（方法）或How much（费用）来使用。5W2H检查如表13-4所示。

表13-4　5W2H检查

5W2H	具体意义	区　分
What	做什么？有必要吗	何事
Why	为什么要做？目的是什么	何为
Where	在哪里做？一定要在那里做吗	何地
When	什么时候做？有必要在那时做吗	何时
Who	由谁做？其他人做可以吗	何人
How to	怎样做？有比这更好的手段吗	方法
How much	进行改进会付出什么样的代价	成本

3. 4M法

所谓4M法即Man（从业人员）、Machine（设备、工具）、Material（原料、材料）、Method（方法）四大生产要素，从这四种主要领域，检查工作场所的状况。4M检查如表13-5所示。

表13-5 4M检查

项目	检查的重点		
人员（Man）	（1）技术良好吗 （2）工作年限足够吗 （3）教育训练良好吗 （4）是否与作业人员的特性相适应 （5）遵守作业标准吗 （6）遵守规定吗 （7）详知作业标准分类吗 （8）对技术方面很了解吗 （9）每个作业人员之间是否有差异 （10）从事同一作业的各工作班组之间是否有差异	（1）作业方面是否有失误 （2）作业方面是否有不均的现象 （3）操作姿势是否良好 （4）熟悉上司及工厂的方针吗 （5）督导者的指示是否彻底执行 （6）熟悉自己职位与权责的关系吗 （7）健康状态是否良好 （8）工作态度是否良好 （9）出勤率是否良好 （10）具有高尚的道德观吗 （11）品质良好吗	（1）是否有干劲 （2）对于作业是否不满 （3）是否有协调性 （4）能坦诚地沟通吗 （5）人际关系是否有问题 （6）是否有适当的自我启发以充实自己 （7）时常举行部门内的会议吗 （8）对于协同作业是否有问题
设备（Machine）	（1）机械的能力是否具备 （2）特性值（尺寸、重量等）情况良好吗 （3）数量适当吗 （4）每一部机械是否有显著的差别 （5）机械的性能良好吗 （6）是否时常发生故障 （7）是否能很快发现故障发生的地方 （8）故障的处理到位吗	（1）机械的停止及故障是否会影响品质 （2）日常的检验良好吗 （3）开始作业时的检核良好吗 （4）润滑情况良好吗 （5）磨损情况如何 （6）是否有破损 （7）是否不必交换操作	（1）有无废除的必要 （2）有无预备零件 （3）有无危险 （4）有无杂音 （5）防尘设备良好吗 （6）整理整顿的工作完善吗 （7）与作业人员之间的关系是否良好 （8）人体工程学方面的考虑周到吗 （9）钻模等的工具情况如何

续表

项目	检查的重点		
材料（Material）	（1）了解影响品质特性的因素吗 （2）材质良好吗 （3）商标正确吗 （4）材料的等级及分类适合吗 （5）品质良好吗 （6）材料的数量合适吗 （7）是否混入了异材 （8）额外的工作很多吗	（1）对于不良材料的处置妥当吗 （2）剩余材料的处理方式妥当吗 （3）材料的检查是否有问题 （4）材料是否因批发商不同而有所不同 （5）处理的情形良好吗 （6）材料的保管良好吗 （7）储藏环境是否有问题？有无变化	（1）储藏场所良好吗 （2）搬运良好吗 （3）包装良好吗 （4）单位数量是否均一 （5）是否因与前一工程部门的制造条件不同而有所差别
方法（Method）	（1）调整的方式良好吗 （2）作业的程序良好吗 （3）是否存在不顺利的工作 （4）搬运作业良好吗 （5）工作的程序还好吗 （6）作业现场的布置良好吗 （7）温差适当吗 （8）湿度适当吗 （9）通风情形良好吗	（1）噪声是否很大 （2）照明是否太暗 （3）有没有天然气外泄 （4）有否震动 （5）有否浓烈的气味 （6）整理整顿的情形良好吗 （7）钻模等工具良好吗 （8）作业方式是否有完善的管理 （9）作业上的动作方式恰到好处吗 （10）作业标准是否已经制定 （11）作业标准是否有不完备之处	（1）作业标准未制定的原因是什么 （2）作业标准是否正确 （3）作业标准制度是否很周详 （4）作业标准是否确实遵守 （5）作业标准未被遵守的原因是什么 （6）作业标准是否修订过 （7）作业标准的修订方法是否条例化 （8）作业条件是否有差异 （9）保证的信用如何

4.五大任务法

所谓工作场所的五大任务，就是品质、成本、生产量、安全性、人性。就这五大任务，检查工作场所的状况（表13-6）。

表13-6 工作场所的五大任务

序号	任务	说明
1	品质	（1）不良程度如何 （2）修改的程度如何 （3）不均衡的状态如何 （4）偏离的状态如何 （5）有无异常
2	成本	（1）原单位的状态如何 （2）生产性的状态如何 （3）工时的状态如何 （4）原材料费的状态如何 （5）劳务费的状态如何
3	生产量	（1）生产量的状态如何 （2）半成品的状态如何 （3）有无数量的差异 （4）成品库存的状态如何 （5）是否遵守交货期
4	安全性	（1）安全的状态如何 （2）作业环境的状态如何 （3）疲劳的程度如何 （4）安全对策的状态如何 （5）是否依照规定处理危险物品
5	人性	（1）出勤率状态如何 （2）干劲程度如何 （3）团队精神状态如何 （4）工作场所的气氛如何 （5）加班的程度如何

5. PQCDSM法

所谓PQCDSM，P是Productivity（生产性）、Q是Quality（品质）、C是Cost（成本）、D是Delivery（交货期）、S是Safety（安全）、M是Morale（士气）。从这六个方面来检查工作场所的状况。PQCDSM检查如表13-7所示。

表 13-7　PQCDSM 检查

检查项目	检查的重点
生产力（Productivity）	最近，生产力是否下降
品质（Quality）	（1）品质是否降低 （2）不良制品率是否增大 （3）消费者的抱怨是否太多
成本（Cost）	（1）成本是否增加 （2）机械生产力、动力、劳动率的基准量是否降低 （3）管理人员是否太多
交货期（Delivery）	交货期是否拖延
安全（Safety）	（1）安全方面有问题吗 （2）灾害事故多不多 （3）是否有不安全作业
士气（Morale）	（1）士气旺盛吗 （2）人际关系方面有没有问题 （3）作业人员的配置是否适当

单独使用以上各方法虽好，但是组合起来使用，效果会更好。以下说明"三不法"与"5W1H 法"组合使用的情形。

如表 13-8 所示是"三不法"与"5W1H 法"的组合。不必拘泥于上述 5W1H，配合工作场所的特性来修正检查项目即可。

表 13-8　"三不法"与"5W1H 法"的组合

项目	不浪费	不均衡	不过度
What（何事）		到月底的前三天全体人员加班到 22 点	
Who（何人）			
When（何时）			
Why（为何）			
Where（何地）			办公室的工作空间平均每人仅 × 平方米
How to（方法）			
How much（费用）			
其他			
摘要			

首先，使用表13-8检查每一方格的工作场所状况。例如，What（工作）是否不浪费、不均衡、不过度等。如果工作在月底的三天内特别繁忙，在这三天内，全体员工非加班到晚上十点时，就如上表所示，在What与不均衡的交点方格中，记录其状态。如此，填写表13-8的几个方格。

其次，把方格内所列举的问题，分为在部门主管权限内能解决，或不能解决。把部门主管在权限内能解决的问题，从重要性、紧急性等观点来检讨、确定顺序，进行解决。

在自己权限内不能解决的问题，不要置之不理。应该思考改善方案，并向具有解决该问题权力的上级提出解决方案

二、建立改善目标

当问题点（主题）确定后，接下来就要设定改善目标。目标的设计要坚持SMART原则，具体如图13-1所示。

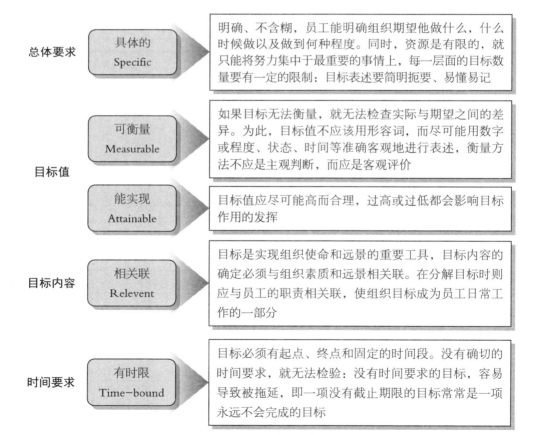

图13-1　目标制订要求——SMART原则

三、制订实施计划

一旦改善目标确定，接下来就要制订计划。计划的必要条件如下。

（一）决定目标

决定执行人员、何时做完（期限）、做多少（目标）。

（二）分担目标

由谁来做、如何做。

必要条件一旦整理好，计划就变成较具体的工作，并可书写成改善计划书。

四、详细调查现状

改善计划一旦完成，便可开始进行现状调查。根据计划，彻底地调查工作场所，然后将所分析的问题具体地加以量化、明确化。

这种观察、记录以及分析，是针对实际的活动。同时，在寻求改善的途径上，它也是一种重要的程序。

五、考虑改善方案

分析现状的结果，具体地找出问题点以后，就可着手解决问题。这些问题中，有些是相当容易即可拟出对策加以解决的，但是也有一些问题较麻烦，非得有相当的创意不可。

产生创意的来源，包括现场经验、技术性知识以及其他现场的作业精华，还可以从工作以外的游乐中获得启示（图13-2）。

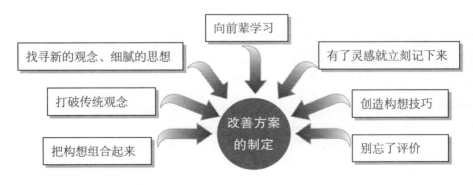

对于工作的热情，具有不输给任何人的职业精神

图 13-2　改善方案的制定

虽是如此，然而，为能产生绝妙的构想，仍需学习构想技巧，然后再有效地加以活用。

改善人员在进行构想时，应坚持ECRS原则以及3S原则，具体说明如表13-9和表13-10所示。

表13-9 ECRS原则说明

项目	自问	适用例
排除（Eliminate）	若把这些排除会怎样（指零件、作业、运输、传票等）	（1）熟人车站：车长回收及出售车票 （2）一人服务：司机兼任车长的工作车
结合（Combine）	结合在一起或配合在一起的话会怎样（指零件、加工、材料）	（1）自动脱谷：从收割、脱谷到除谷壳都一手包办 （2）拖车：连接台车工作 （3）装箱 （4）装袋 （5）搬运台
重排（Rearrange）	若改变顺序或者更换会怎样（指改变或更换工程材质、形状、加工方法）	（1）附属零件：能更换油压铲子的斗，以便进行打洞等作业 （2）拖车：空车与满载车更换 （3）工作母机：不必移动物体，利用可移动的工具加工 （4）机械中心：可一方面自动更换工具，一方面以另一台机械从事复杂的加工
简化（Simplify）	单纯化、简单化，或者减少数量的话会怎样（指零件、工程、库存形状而言）	（1）金属制品：可以省略繁杂的包装容器 （2）送货箱：使捆包与拆解简单化地搬运箱子

表13-10 3S原则说明

项目	自问	适用例
单纯化（Simplification）	（1）使构造单纯 （2）使方法简单 （3）使数（量）减少	（1）减少零件的件数 （2）使位置的决定单纯化 （3）自动化，加工方式
标准化（Standardization）	（1）将方法、手续统一化 （2）将材质、形状的范围缩小 （3）将规格、尺寸标准化	（1）规格的统一 （2）传票的统一 （3）作业标准的制定 （4）收集配送时间的定时化

续表

项目	自问	适用例
专门化 （Specialization）	（1）将机种、品种专业化 （2）将职类、工作专门化	（1）有盖车、无盖车、家畜车、冷冻车 （2）设备及钻模等的专业化 （3）职务的专门化（装配、搬运、检查……）

若认真地面对改善的问题，改善方案自然就会很快地构思出来。不过立即实行的话，未免太冒险了。因为，所提的改善并不一定会产生效果，或者效果虽然很不错，但是实施起来成本却非常高，甚至构想极好，但欲付诸实施时，技术方面可能困难重重，这种例子屡见不鲜。

另外，随着改善的执行，总会带来一些改变，此时对品质是否有恶劣的影响？是否有引起灾害或事故的可能？这些都得详细地探讨。尤其是关于品质及安全方面，必须在获得专业人员的确认之后，才能够实施。

改善方案评价的步骤（如图13-3所示），不仅仅检查是否采纳，而且还要加以评价，进而提出改善的构想，借此使改善方案更加完善，使之更为可行。切勿一味地指责缺点，把已经萌芽的改善方案抛弃掉。

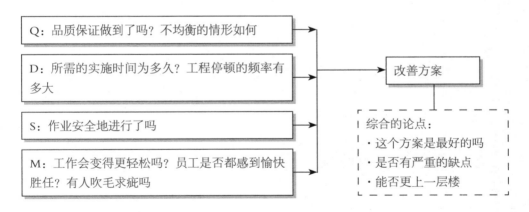

图13-3　改善方案评价的步骤

六、改善方案的实施

改善方案经过评价以后，就应该付诸实施。不管多好的改善方案，不付诸实施的话，根本就不会产生任何效果。

如果是简单的改善方案，不妨立刻试行构想，以确定能否实施，这样也可以发现是否有不妥之处。但是，对于钻模制作等大型改善的方案，制作期间又长的场合，则必须好好地从长计议。例如，对日期、成本、责任等，在实施以前就需好好计划，然后再按规定实行。以下是在改善实施前应该留意的事项。

（一）对关系人充分说明

因为要变更已经习惯的工作，因此，每一个人都或多或少会有不安与焦虑的情绪。尤其是改善方案显然有很大规模的变动时，往往会使人感觉到与现状的差距太大，以致自尊心受到伤害，产生反抗的心理。而且，往往会使人认为，这样做是否能提高效率？能否强化作业？

在这种意识之下进行改善的话，将很难获得合作，最好在讨论阶段就邀请关系人参加，一起讨论，这样才能够获得充分的理解。

（二）更正作业标准

到了改善的阶段，工作的进行方法或者检验要领，往往会改变。有时，甚至安全上的留意事项、保守的检验内容等也会变更，因此，最好妥善地估计，以改正不合适的内容。

仔细地估计与检讨以后，在改善方案实施时，很可能会发生的新问题甚至更明显化，要能及时采取预防措施。

（三）试行一段时间

在计划阶段十全十美的构想，实施起来不见得就会令人满意。因此，需要有一段试行的时间。也就是说，通过试行来观察其效果，以便了解成效及副作用，进而除掉不妥的地方，以保证计划更加完美。

七、确定改善的成果

实行改善的结果，必须针对是否能产生预期的成果、是否有产生不妥之处、作业员是否不满等，进行彻底的调查。如果发现有不妥之处，则应加以消除，假如那些不妥之处涉及改善方案本质问题的话，就得重新回到前几个步骤，再度重新检讨。

在确认成果时，必须根据改善成果确认的重点（图13-4），对QCDSM进行评价。

八、改善结束——成果标准化

成果一旦被确认，则非结束不可。就像手推车在坡路上停下时，为了防止它滑下坡路，必须在车轮前放置楔子一般。

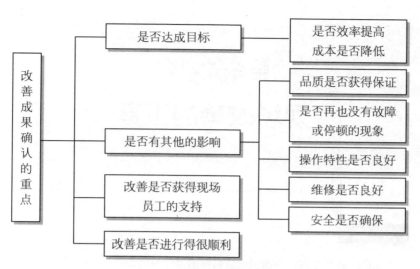

图 13-4　改善成果确认的重点

当然，结束并不是说停滞不前了，而是要将成果标准化。标准化是改善活动推行的进一步深化，应用范围比较广泛，可以应用到生产、管理、开发设计等方面。标准化的步骤如下：

① 制定标准（或者修订）。

② 在标准的制定上，必须注明修正的理由以及注意事项。

③ 为能遵守标准起见，必须事先进行有效的指导和训练。

④ 为确定是否遵守标准，必须建立良好的管理制度。

第十四章 现场改善的工具

导 读

　　现场改善就是对工作场所的所有要素进行改良和优化,以提高效率、质量及降低成本的活动。许多企业也推广了改善提案活动,但最终以失败告终,究其原因,很大一部分是因为企业没有找到好的现场改善的方法和工具,因而本章主要介绍现场改善的工具。

学习目标

　　1.了解现场改善的工具有哪些,比如5W1H法、动作分析法、工程分析法、时间分析法、工作抽样法、人-机配合分析法、生产线平衡、双手操作法、防呆法。
　　2.掌握各项现场的改善工具的定义、适用范围,及其具体的操作步骤、方法和细节。

学习指引

序号	学习内容	时间安排	期望目标	未达目标的改善
1	5W1H法			
2	动作分析法			
3	工程分析法			
4	时间分析法			
5	工作抽样法			
6	人-机配合分析法			
7	生产线平衡			
8	双手操作法			
9	防呆法			

一、5W1H法

5W1H又可称为5×5何法，或是质疑创意法。它是IE七大基础手法之一，由5W1H和5WHY所组合成，所以称为"五五法"，意思是通过对问题反复多次的提出质疑，才能将问题的症结所在挖掘出来。

五五法的使用目的是利用询问的方式来挖掘改善的构想，使人学习并且熟悉系统的询问技巧，一方面用来协助人员挖掘出问题的真正根源所在；另一方面则让人能寻找出可能改善的途径。适用于寻求问题的原因和可能解决的方式。

（一）5W1H法的定义

所谓的5W所指如下。

Where：何处，在什么地方，空间。

When：何时，在什么时候，时间。

What：何者，是什么东西／事，生产对象。

Who：何人，是什么人做，生产主体。

Why：为何，为什么如此。

因为这5个字母的开头均为"W"所以称为"5W"。

而1H是指：How——如何，用什么方法。

5W1H法可以使原本笼统而抽象的问题，更加具有系统性即循序渐进的逻辑性，进而提高个人在问题解决方面的具体能力。不过，5W1H法虽然能使问题快速而有效率的被掌握及据此作为选择及决定的参考，但没有提供解决问题的功用，所以必须依照情况另外研究及讨论面对问题时所采取的对策。

（二）5W1H法的原则

5W1H法的原则如图14-1所示。

根据5W1H法所找到的问题，可以依照四个主要的方向去探讨可能改善的途径，但是改善时心中必须抱持着"目前的方式绝非仅有的并且不是最好的，一定还有更好的方式"的态度，只有这样才能不断地改进，不断地获得更高的竞争力。

剔除：许多操作可能是不必要的，只是延续着使用而没有察觉，此时，剔除掉是最好的方向。

合并：将两种以上的动作尝试结合在一起称为合并，两个操作合并可以省掉搬运、检验、存放等动作。如果两个操作不易合并时，应尽可能将搬运合并在操作中。

重排：评估改变次序、地点及人员的可能性，这些改变可能引发出删除和合并的灵感。

简化：在删除、合并及变更操作等检讨后，研究"如何做"来达到简化的目的。

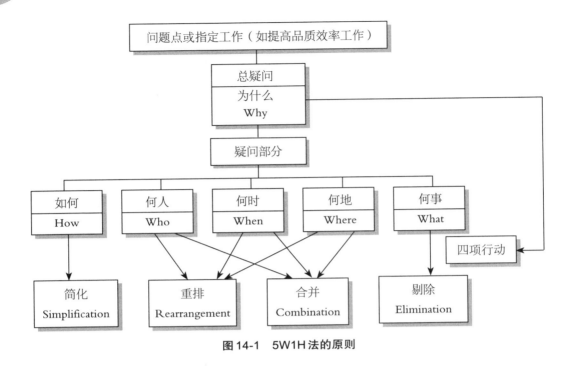

图 14-1　5W1H 法的原则

（三）"五五法"的 5WHY 法

5WHY 法就是要不断地问为什么，不断地询问原因并且从中寻求解决的方式，简单来说，就是要抱持着"打破砂锅问到底"的精神。当然，5WHY 法并非一定要询问 5 次，5WHY 只是一种统称。

【实例 1】

5WHY 的使用原则（举例说明）如下表所示。

5WHY 的使用原则（举例说明）

Why	不同层次的问题	对应层次的对策
为什么地板很滑	因为车间地面上有一摊油渍	撒上木屑防滑
为什么地板有油渍	因为机器漏油	修理机器
为什么机器会漏油	因为垫圈容易磨损老化	更换垫圈
为什么容易磨损老化	因为用较低的价格购买质量较差的垫圈	改变采购策略
为什么买较差的垫圈	因为采购部门希望以节省成本的方式进行采购	改变采购部门的价格策略

【实例 2】

		五五法的举例		
项目	现况如何	为什么	能否改善	怎么改善
对象（What）	生产什么	为什么要生产这种产品	能不能生产别的产品	到底应该生产什么
目的（Why）	什么目的	为什么要这样做	有没有别的目的	应该是什么目的
场所（Where）	在哪做	为什么在那做	是否能到别处做	应该在什么地方做
时间顺序（When）	什么时候要做	为什么要那时候做	能不能其他时间做	应该在什么时间做
谁做（Who）	谁来做	为什么那个人做	能不能叫别人做	应该由谁来做
怎么做（How）	怎么做	为什么要这样做	有没有别的方式	决定要怎么做

二、动作分析法

动作分析法又称为动作改善法，一般简称为"动改法"，是按操作者实施的动作顺序观察动作，用特定的记号记录以手、眼为中心的人体各部位的动作内容，把握实际情况，并将上述记录图表化，以此为基础，判断动作的好坏，找出改善着眼点的一套分析方法。

（一）动作的类别

动作就是工艺流程和作业的具体实施方法，如为寻找、握取、移动、装配必要的目的物，操作者身体各个部位的每一个活动。动作可大致分为下面四类。

① 加工：改变目的物形状和装配目的物的动作。
② 移动：改变目的物位置的动作。
③ 握持：保持目的物形态的动作。
④ 等待：无作业手空闲着的动作。

（二）动作改善的技巧

动作改善的技巧如表 14-1 所示。

表 14-1　动作改善的技巧

序号	改善技巧	具体说明
1	剔除	（1）剔除所有可能的作业、步骤或动作（包括身体、足、手臂或眼） （2）剔除工作中的不规律性，使动作成为自发性，并使各种物品置放于固定地点 （3）剔除以手作为持物工具的工作 （4）剔除不方便或不正常的动作 （5）剔除必须使用肌力才能维持的姿势 （6）剔除必须使用肌力的工作，而以动力工具取而代之 （7）剔除必须克服动量的工作 （8）剔除危险的工作 （9）剔除所有不必要的闲置时间
2	合并	（1）把必须突然改变方向的小动作结合成一个连续的曲线动作 （2）合并各种工具，使其成为多用途的组合工具 （3）合并可能的作业 （4）合并可能同时进行的动作
3	重组	（1）使工作平均分配于两手，两手的同时动作最好呈对称性 （2）小组作业时，应把工作平均分配于各成员 （3）把工作安排成清晰的直线顺序
4	简化	（1）使用最低等级的肌力工作 （2）减少视觉动作并降低必须注视的次数 （3）保持在正常动作范围内工作 （4）缩短动作距离 （5）使手柄、操作杆、脚踏板、按钮均在手足可及之处 （6）在需要运用肌力时，应尽量利用工具或工作物的动量 （7）使用最简单的动作组合来完成工作 （8）减少每个动作的复杂性

（三）动作经济原则

动作经济原则为基尔布雷斯夫妇所创，经很多科学家完善，后由美国的巴恩斯将其总结为三大类二十二条。它适用于人的全部作业，是动作改善的基本方向原则。表 14-2 是对人体利用、工作地布置、工具设备三方面进行的总结说明。

表 14-2　动作经济原则

序号	类别	动作经济原则
1	关于人体利用	（1）双手应同时开始，并同时完成动作 （2）除规定的休息时间外，双手不应同时空闲 （3）双手动作应该对称，反向并且同时进行 （4）收的动作应用最低的等级而能得到满意的结果

续表

序号	类别	动作经济原则
1	关于人体利用	（5）物体的动量应尽可能地利用，但是需要肌力制止时则应将其减至最低程度 （6）连续的曲线运动，比如方向突变的直线运动为佳 （7）弹道式的运动较受限制或受控制的运动轻快自如 （8）动作应该尽可能地应用轻快的自然节奏，因节奏能使动作流利及自然而发
2	关于工作地布置	（1）工具物料应放置在固定的位置 （2）工具物料及装置应布置在工作者前面近处 （3）零件物料的供给，应利用其重力坠送到工作者手边 （4）坠落应尽量利用重力实现 （5）工具物料应依最佳的工作顺序排放 （6）应有适当的照明，使视觉舒服 （7）工作台及座椅的高度，应保证工作者坐立适宜 （8）工作椅的样式及高度，应利于工作者保持良好的坐姿
3	关于工具设备	（1）尽量解除手的工作，使用夹具或脚踏工具代替 （2）可能的话应是两个工具合并使用 （3）工具物料应尽可能地预先放置在工作的位置 （4）手指分别工作时，各指负荷应按照其本能予以分配 （5）设计手柄时，应尽可能增大与手掌的接触面积 （6）机器上的手杆、工作杆及手轮的位置，应是操作者极少改变的姿势，且能最大地利用机械力

（四）动作分析改善的步骤

动作分析改善的步骤如图14-2所示。

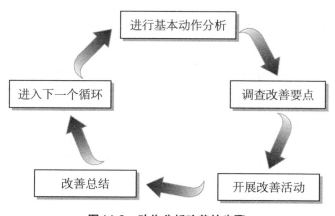

图14-2　动作分析改善的步骤

1.进行基本动作分析

① 花时间对作业的整体进行观察。观察者对作业顺序的观察要达到了如指掌的程度。

② 在办公室将作业的动作按单手顺序（左手或者右手）记录下来。在这个过程中，必须先分别对左、右手的动作顺序进行记录，然后再对左右手的组合动作进行记录。

③ 记录完成之后，拿着这些记录再对作业进行观察。这样，可以发现漏记的动作或者顺序记错的动作，并将其改正。这些也要花时间认真进行，直到作业实际情况和分析结果达到一致时才算完成。

④ 接着准备基本动作分析专用表（表14-3），并在办公室填写好必要的事项。

表14-3 基本动作分析专用表

调查日期：____年__月__日

工序（工厂）名							
产品名称							
作业名称							
分析者姓名							
部门							

序号	要素作业	左手动作	基本动作记号			右手动作	备注（辅助说明改善的目标）
			左手	眼	右手		

汇总表	动作属性	第一类						第二类				第三类				合计
	基本动作记号						小计				小计				小计	
	左手	∪	∩	⊙	9	╫	∪	#	⌒	○		⊙	⊙	→	℘	8	⌂	∧	℘	⌐	
	右手																
	眼																

在基本动作分析专用表中，要记录作为分析对象的作业部门、作业名称、调查日期、分析者的姓名、作业配置图等内容。

⑤ 对第③项中已完成的动作分析结果进行检查，并将动作内容细化成基本动作记号的不同级别。这时，要将众多的小动作归纳成几个大的种类，这样就一目了然了。由几个细小的动作归纳成的动作，一般称为"动作要素"。另外，为了了解动作的数量，可附上序号。

⑥ 将动作记号添加到表中，基本动作分析就完成了（表14-4）。

表14-4　组装螺栓和螺帽作业的基本动作分析

序号	动作要素	左手动作	基本动作记号			右手动作
			左手	眼	右手	
1	准备螺栓	向螺栓伸手	∪	⊚→	⊃	待工
2		抓住螺栓	∩		⊃	待工
3		调整螺栓角度移动到前面	⊃+⊂		⊃	待工
4	准备螺母	一直拿着螺栓	◻	⊚→	∪	向螺母伸手
5		一直拿着螺栓	◻		∩	抓住螺母
6		一直拿着螺栓	◻	⊃+⊂		调整螺母角度并移到前面
7	组装螺栓和螺母	组装螺栓和螺母	#	#		组装螺栓和螺母

2. 调查改善要点

动作图制作完成后，接下来就要根据分析的结果找出问题，也就是要发现动作中存在的不经济、不均衡和不合理现象。

要尽量排除第三类动作，尽可能地排除第二类动作，至于第一类动作，如果能够取消当然最好，如果该动作是必需的，有时也可通过改变对象物的放置位置，达到缩短时间的目的。

调查者可以通过调查以下内容来了解哪些动作要排除，哪些要合并、重组或简化。

① 双手是否同时向两个相反的方向运动,是否存在"玩"的现象。

② 该作业是否做到了最大限度地减少眼睛的运动。

③ 执行该作业时是否身体扭转动作比较多。也就是说要调查材料、零部件、加工模具、工具等是否总是放在一眼就能看见的地方,是否放在手能够伸到的范围之内。

④ 是否存在保持的动作,如果存在"保持"动作,是否可以考虑制作一个支撑物来排除这一动作,并有效地利用我们的脚。

⑤ 需要加工、组装的材料、零部件,是否提取方便。如果零部件杂乱地放在不便提取的箱子里,就会影响"手伸向零部件"动作的速度,要竭力改善这种情况。

⑥ 所使用的工具、材料等是否放在一抓住马上就可以使用的地方。

⑦ 加工或组装好的产品是否要花很长时间来搬运。如果是,则要尽量采取自动掉落装置来排除这些"搬运"动作,如利用产品的重力,使之自动掉落到产品箱里。

⑧ 作业流程中,是否采用了合理的节奏。也就是说,材料、工具的移动是否做到了最少,作业顺序是否合理。

⑨ 单手进行作业的动作中,是否存在突然改变方向的动作。也就是说手的动作要流畅,不能有忽左忽右、左右交错的动作。

⑩ 作业的灯光是否会给眼睛带来疲劳,是否有利于作业。如果材料、零部件箱的周围灯光太弱,就会使"寻找""发现""选择"这些动作增加时间。另外,如果作业场所光线太强,"组装""使用"等动作的时间也会被拉长。

⑪ 作业台和作业椅的高度是否符合人体工程学,是否有利于作业。

相关知识

各个基本动作记号及调查要点

以下按 18 种动作要素来对调查要点和各个基本动作记号的要点进行整理。

1. 第一类动作(进行作业时的必要动作)

第一类基本动作记号及调查要点如下表所示。

第一类基本动作记号及调查要点

序号	动作	记号	调查要点
1	空手	∪	(1)作业布局是否使空手动作达到最少 (2)是否存在由于途中有障碍物,使动作的方向发生改变的现象 (3)提取对象物的路径是否通畅

续表

序号	动作	记号	调查要点
2	抓住	∩	（1）是否采取了一次抓多个，使抓的次数减少的方式 （2）对于一些难以抓住的细小零部件，是否采取了滑落装置 （3）是否可以将右手的作业转为左手或脚来做
3	移动	৩	（1）是否采用了使移动距离达到最短的作业布局 （2）是否采用了传送带装置 （3）是否采用了重力装置 （4）是否可以用脚来执行动作 （5）是否可以通过交换、组合使下一个动作跟上移动的速度 （6）是否由于有障碍物而影响了移动的速度 （7）移动的路径是否合理，身体是否能够承受 （8）是否可以减少身体某一部分的动作 （9）是否采取了双手同时作业的方式
4	调整角度	৩	（1）是否可以取消调整角度的动作 （2）对工具、零部件的放置是否进行了整理，位置、方向是否得到确定 （3）是否搅乱了一些东西的顺序 （4）是否采取了漏斗或滑槽
5	组合	#	（1）为了便于组合，是否利用了工具或组合工具 （2）是否可以同时将几个对象物进行组合
6	拆分	++	（1）是否考虑过使用夹具、垫板、自动装置及自动机械 （2）是否可以同时对多个对象物进行拆分 （3）是否采用了其他更加方便的工具
7	使用	U	（1）是否考虑过使用夹具、垫板、自动装置及自动机械 （2）是否同时并用了多台机械 （3）是否一直使用着方便的工具 （4）是否考虑过怎样清除切削时的粉末 （5）是否研究过重力工具的使用
8	松手	∩	（1）是否在松手时不必特别留意松手动作，做到轻松自如 （2）是否采用了掉落或漏斗的方式 （3）手处于移动过程中是否出现松手动作 （4）是否考虑过使用机械力、压力、空气等使对象物弹出，或利用自然重力装置

续表

序号	动作	记号	调查要点
9	检查	◊	（1）是否可以取消检查动作 （2）是否可以同时检查多个对象物

2. 第二类动作（使第一类动作推迟的动作）

第二类基本动作记号及调查要点如下表所示。

第二类基本动作记号及调查要点

序号	动作	记号	调查要点
1	寻找	◯	（1）是否可以不需要寻找材料、零部件、工具等 （2）材料、零部件、工具等各自所在的位置是否远近不一（如果这样的话，更容易使眼睛疲劳） （3）眼睛是上下运动还是左右运动
2	发现	⊙	材料、零部件、工具等是否可以通过颜色或形状轻易地发现
3	选择	→	（1）材料、零部件、工具是否混杂在一起 （2）是否可以通过某种放置方法来取消寻找、发现、选择的动作
4	考虑	⟡	（1）是否把要进行考虑的作业具体化 （2）是否采取了双手同时作业的方式
5	准备	8	（1）是否可以使用导轨、制动等装置来取消交换、调整角度 （2）是否可以让工具挂着 （3）放工具时，是否将工具的把手朝着有利于拿取的方向

3. 第三类动作（作业没在进行的动作）

第三类基本动作记号及调查要点如下表所示。

第三类基本动作记号及调查要点

序号	动作	记号	调查要点
1	保持	⌒	（1）尽量取消这一动作 （2）是否可以考虑用钳子等来代替手的保持动作
2	不可避免的待工	⋀	（1）是否考虑过通过动作组合，避免推迟动作的发生 （2）如果是由于管理的欠缺或其他作业人员的原因造成作业推迟，是否及时采取了措施
3	可以避免的待工	⌓	（1）尽量避免这一动作的发生 （2）是否可以根据前后工序、作业的状况来取消推迟动作的发生
4	休息	⌑	（1）是否考虑了休息时间的分配方法 （2）是否可以相互交换作业方位、座位 （3）是否考虑过怎样才能更快地消除疲劳

3. 开展改善活动

利用基本动作分析法进行改善的顺序，如表14-5所示。

表14-5　利用基本动作分析法进行改善的顺序

序号	步骤		操作说明
1	问题的发生或发现		（1）平时要经常分析已经取得的成绩数据，用怀疑的眼光去观察作业现场什么地方存在问题，应用"PQCDSM表"对以下各项进行调查 ① 生产量是否正常（P） ② 产品质量是否存在问题（Q） ③ 原材料价格是否上涨（C） ④ 是否赶不上交货期（D） ⑤ 安全生产是否存在问题（S） ⑥ 作业人员的士气是否低下（M） （2）将以上调查发现的问题进行整理
2	现状分析	现状分析的准备工作	（1）确定现状分析的手法（例如，如果问题对象是手工作业，采用基本动作分析法更为有效） （2）准备好动作分析表等必要的工具 （3）在表中记录好部门名称、作业名称、调查日期、分析者姓名、作业分布图等事项

续表

序号	步骤		操作说明
2	现状分析	现状分析的进行步骤	（1）首先对作业进行反复观察，其他什么也不需要做 （2）对作业大致是由哪些动作所组成的有所了解之后，开始对动作进行记录（例如向××伸手等） （3）一个作业周期的动作记录完成之后，再填到准备好的动作分析表上，并标上基本动作的记号 （4）辅助性地向现场的专业人士打听，或查阅有关资料
3	整理分析结果，并绘制统计表		（1）分析结果按照基本动作记号类别和左右手加以区分统计 （2）按照属性类别加以区分统计（第一类至第三类） （3）发现问题的重点
4	发现重点问题		把目标放在第二类动作和第三类动作中的不经济动作上，确认左右手的动作是否失调（是否存在不均衡和不合理现象），并且一定要按照以下几点进行调查 （1）对不经济、不均衡和不合理现象的调查 （2）用"5W1H"提出问题，特别是要用"Why"（为什么要做这一作业）的问题意识去调查 （3）应用"PQCDSM表"进行调查
5	制定改善方案		（1）彻底否定动作或作业的现状，并寻找取消这些动作或作业的方法 ① 全面否定从现状分析结果得知的有问题的动作或作业（为什么要进行这一作业？不可以取消吗？），即使是第一类动作，也要研究取消它们的方法 ② 讨论是否可以取消这些动作或作业 （2）取消动作或作业的讨论完成之后，就要对存在问题的作业按以下顺序进行研究 ① 是否可以简化 ② 是否可以将几个作业组合起来 ③ 是否可以交换作业顺序 （3）反复进行前两个步骤，提出解决问题的最好方法，并制定改善方案 ① 改善方案分为：立即可以实施的方案、需要一定的准备的方案、需要大量准备的方案 ② 绘制各个改善方案与改善前的基本动作分析统计表，以确定改善效果 在制定改善方案时，要把舒适、安全、优质、高效生产产品作为目的，并进行调查，调查的方法有"5W1H"、改善的目标（基本动作记号和调查要点）、动作经济原则

续表

序号	步骤	操作说明
6	实施改善方案	（1）选择最适合现阶段的改善方案，并进行研究、试行 （2）如果确定该改善方案可行，要向有关人员进行说明 （3）所有的准备工作都做好之后实施改善方案

4.改善总结

及时对改善方案进行总结。

5.进入下一循环

当有新问题发生、发现时，又重新回到第一个步骤，对新的改善方案进行全面的否定，不断循环地进行改善作业。

三、工程分析法

工程分析法又称为流程分析法，将各阶段加以观察，把一连串的工程按照顺序调查、分析，用一定的记号整理为图表，以便调查工作中的浪费、不均以及勉强，在导出改善的重点后，拟成改善方案的分析手法。

工程分析法适用于产品流程、加工路线、布置搬运流程、闲余能量利用、管理及事务流程等的分析。

（一）工程分析图的记号

在工程分析中，工程流程是用规定的记号来描述的，这种记号称为"工程图记号"。

使用记号表示，可以使问题所在（例如，待工太多、搬运次数太多等）更加明朗，也更容易发现改善的重点。

工程图记号有"基本图记号"和"补助图记号"两类。

1.基本图记号

基本图记号是为了表示主要工程的记号，分为加工、搬运、储藏、滞留、检查等各类记号，其具体内容如表14-6所示。

2.补助图记号

补助图记号是为了表示工程流程所采用的记号，分为流程线、区分、省略等记号，其具体内容如表14-7所示。

表 14-6　基本图记号

序号	主要工程	记号名称	记号	意思
1	加工	加工	○	使用材料、零部件或产品的形状性质进行改变的过程
2	搬运	搬运	○	使原材料、零部件或产品的位置进行改变的过程，搬运记号的直径是加工记号1/3～1/2，也可以用记号 ⇨ 代替○，但该记号并不表示搬运的方向
3	停滞	储藏	▽	将原材料、零部件或产品按计划储藏的过程
		滞留	D	原材料、零部件或产品未能按计划进行而处于滞留状态
4	检查	数量检查	□	对原材料、零部件或产品的数量进行核算，将结果和标准要求相比较，判别差异的过程
		质量检查	◇	检验原材料、零部件或产品的品质特性，并将结查和标准要求相比较，判定批量的合格率和单个体的优劣

表 14-7　补助图记号

序号	记号名称	记号	意思	备注
1	流程线	│	表示主要工序的顺序关系	当顺序关系不易理解时，流程线的末端或中间画上箭头表示方向，流程线的交叉处用 ⤴ 表示
2	区分	～	表示在工序流程中的管理上的区分	
3	省略	＝	表示工序流程的某一部分省略	

3. 基本记号图组合

当一个工程同时执行两个不同的职能时，采用基本记号图组合的方式表示，如表14-8所示。可在主要作业记号的里面再嵌入同时进行的作业记号。

表 14-8　基本记号图组合

记号	意思
◇内含□	以质量检查为主，同时也进行数量检查

续表

记号	意　思
◇	以数量检查为主，同时也进行质量检查
⬓	以加工为主，同时也进行数量检查
◇	以加工为主，同时也进行质量检查
⊖	以加工为主，同时也进行搬运

（二）产品工程分析

产品工程分析，就是以原料、材料、零件或者产品为对象，对工程如何进行展开分析调查的方法。产品工程的分析步骤如下。

1.展开预备调查

当问题明确，调查对象已经决定时，要先展开预备调查，必须得知以下项目。

① 制品的生产量。

② 制品的内容，质量的标准。

③ 检查的标准（中间检查、出货检查的做法）。

④ 设备的配置（摆设）。

⑤ 工程的流动（分歧、合流的状况）。

⑥ 原料。

2.制作流程工程图

随着制品的流动，制作"流动工程图"，必须考虑到作业的目的，再分类成加工、搬运、检查及停滞。若停滞，要考虑是否为计划性事件或是偶发事件，之后再区分为储藏及滞留。检查也可分为数量检查和质量检查。

3.进行分析

测定各工程的必需项目，然后记入流动工程图，图制成后，待各工程的必要项目测定好后再记入。直接到现场工作测定较具准确性。制品工程分析记入项目如表14-9所示。

表14-9　制品工程分析记入项目

工程	作业名 （为什么）	作业者 （何人）	机械设备 （用何物）	场所 （在何处）	时间 （耗费时间）	方法 （如何做）
加工	使作业内容具体化	职务名、姓名、人数等	机械名、设备名、台数等	使作业场所具体化	加工时间及生产量	使加工次序具体化

续表

工程	作业名 （为什么）	作业者 （何人）	机械设备 （用何物）	场所 （在何处）	时间 （耗费时间）	方法 （如何做）
搬运	使搬运内容具体化	职务名、姓名、人数等	搬运设备	从何地到何处	搬运时间	一次的搬运数，装货、卸货方法等
检查	使检查项目具体化	职务名、姓名、人数等	检查设备和工具	检查场所	检查时间	检查方法适合与否的判定方法，不良产生处置法等
停滞	停滞的状态（暂时放置、等待出货等明确化）	保管责任者	保管场所和保管设备等	保管场所	停滞时间	容器的放置法等

4.整理分析的结果

一旦记入测定结果后，必须整理一张整理表（表14-10），由表14-10可知，加工给制品增加的所有价值，并进行检讨。如耗时过长，需缩短时间；人员过多，必须削减工数。

表14-10 整理表

项目	工程数/个	时间/分钟	距离/米	人员/人
加工（○）	2	75	—	2
搬运（⇨）	5	22	85	10
检查（□）	3	25	—	6
停滞（△）	3	(13)	—	3
合计	13	135	85	21

注：括号内的数据表示无效工时，即浪费掉了的，也是要改善的地方。

5.制定改善方案

依据制品工程分析表中的调查项目、平面流向图及整理表，可找出问题点，再引出改善的构想。可基于改善的着眼点开始检讨，再进行改善方案。改善的着眼点见表14-11。

表 14-11　改善的着眼点

工程	着眼点
以全体来看	（1）全体的合计时间、搬运距离，以及所需人员与每一项工序所需的时间是多少，从搬运距离以及所需人员看来，改善的重点在哪 （2）有没有欲罢不能的工程 （3）有没有可以同时进行的工程 （4）可更换工程的顺序，以便减少工程数、所需时间、搬运距离及所需的人员
加工（○）	（1）是否有加工时间多的工程？尤其是必须检查耗时的加工工程，再利用其他的分析手法，看看是否能够改善 （2）可否提高设备的能力 （3）可否与其他的工程一起进行 （4）若改变工程顺序，是否能获得改善 （5）现在的生产单位数目多少，是否适当
搬运（⇨）	（1）可否减少搬运的次数 （2）必要的运输，可否一面加工，一面进行 （3）可否缩短搬运距离 （4）可否改变作业厂的方位，以便取消搬运工作 （5）可否采取加工、检查等为组合方式，以便取消搬运 （6）可否增大搬运单位数量，以便减少次数 （7）搬运前后的上、下或作业，是否很耗时间 （8）搬运设备是否有改良的余地
检查（◇，□）	（1）可否减少检查的次数 （2）有没有能够省略的检查 （3）能不能一面加工，一面展开必要的检查？也就是说，同时实施○与◇（或□），凭着进行○或◇，既可缩短工程数即合计时间，同时也可节约搬运 （4）可否以别的工程，实施质的检查及量的检查？能否同时实施 （5）检查方法合适吗？可否缩短时间
停滞（△，D）	（1）尽量减少停滞的时间 （2）可否凭组合加工和检查厂的配置消除停滞呢？尤其当滞留（D）由前后工程所需时间的不平衡所引起，只要尽量减少它的工程组合，即可消除滞留的现象 （3）可否尽量缩短停滞的时间

6.实施与评价改善案

一旦改善案获得承认,应试着实施。要顾及新的作业方法,因此必须施以充分的训练,熟悉作业后,才能开始测定及评价。实施改善方案时,必须积极地修正,直到作业畅通无阻为止。

7.使改善案标准化

证实改善方案能达到预期目标时,应先使其标准化,以防止再度恢复到以前的状况。

(三)事务工程分析

通常,都是以票据(传票)的流动为中心展开调查,改善的手法称为事务工程分析。

1.事务工程分析的记号

事务工程分析的记号与制品工程分析大致相同,另外增加了一些事务工程分析的独特的记号,具体如表14-12所示。

表14-12　事务工程分析所使用的记号

记号的名称		记号	意义	备注
作业		○	使传票变化的过程 (1)写 (2)印刷 (3)分类整理 (4)包装等	
搬运		○	使传票位置变化的过程 (1)利用人搬运 (2)利用机械搬运	搬运记号的直径为作业记号直径的1/3~1/2,除了○记号之外,也可以使用→记号
停滞	储藏	▽	传票有计划地被蓄积的过程 (1)在仓库的蓄积 (2)使用前的保管 (3)使用后的保管	
	留滞	D	传票反计划地滞留的状态 (1)等待作业所造成的滞留 (2)等待搬运所造成的滞留 (3)等待检查所造成的滞留等	

续表

记号的名称		记号	意义	备注
检查	数量检查	□	确认传票内容的过程	
	质的检查	◇	检查传票内容的过程、核对、点检等	
特殊记号	转记	○◎	对照两种的传票，记录于右侧	
	核对	◇◇	对照两种的传票，再核对	
	电话联络	○◎	以电话联络，再记录于右侧	
	整批运搬		把两种以上的传票一起送出	

2.事务工程分析的步骤

事务工程分析的步骤与前面所介绍过的几种工程分析类似，以下以具体案例的展开来说明事务工程分析的具体做法。

【实例】

某公司的外加工品在接收入库时，涉及的部门包括仓库、采购、质检、财务等，具体操作耗费的时间很长，中途的转账办理也相当麻烦，现在试图通过事务工程分析的方法来获得改善。

1.展开预备调查

当问题点已大致确定，调查对象也明确时，应先展开预备调查。事务工程分析所涉及的项目与其他工程分析差异较大时，具体可参考以下项目。

（1）表单或文件的种类内容、频度、张数。

（2）有关联的部署、有关联的人。

（3）表单、文件的流动与所需的时间。

（4）表单、文件的填写方法、填写时机。

（5）表单与事务运行的关系。

对于本案例而言，通过预备调查了解到，外加工品的入库接收一般按以下程序操作。

（1）外加工厂把货品连同交货单、收领单交付给仓库管理人员。

（2）仓库管理人员在检查完货品数量后，在收领单上盖收领章，返还给外加工厂。接着，把交货单送到采购部，货品送到质检部。

（3）采购部根据交货单开出请检单，由仓库人员送到质检部。

（4）收到请检单后，质检人员开始检查货品。货品检查完以后，将货品连同请检单送到仓库，请检单的一联送到财务部。

（5）仓库将货品入库进行整理，再依据请检单在材料账簿上记下账目，保留一份请检单，将另一联送采购部保管。

（6）财务部依请检单记录财务账。

2.绘制事务工程分析表

根据预备调查所了解的情况，运用"事务工程分析所使用的记号表"所示的工程记号，绘制事务工程分析表（如下图所示）。绘制事务工程分析表时，应尽

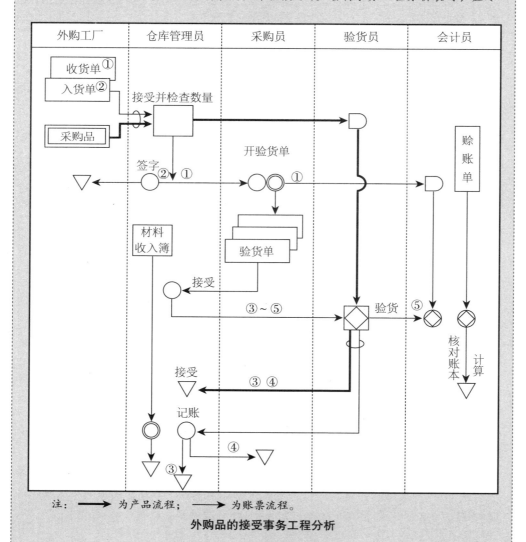

外购品的接受事务工程分析

量使担当人员、表单的名称、表单和作业或流动的关系、表单之间的关系明确化。

上图仅限于事务处理的流程，有必要的话可以把时间也标示出来，如下表所示。

事务处理的时间要求

时间 \ 负责部门	外购工厂	仓库	采购部	质检部	财务部
第一天					
第二天					
第三天					
第四天					
……					

3．拟订改善方案

针对接受事务工程分析表，可以展开以下检讨。

（1）各种表单真的必要吗？张数、内容是否有问题？

（2）表单的填写是否费时费力？过账、核对作业是否太多？

（3）表单的流动顺利吗？是否有停滞的现象？

（4）传送方法有没有可以改善的地方？

（5）时机和现场作业配合得上吗？

对本案例来说，通过检讨可以发现以下问题。

（1）质检人员在接到货品之后还要等待请检单方可执行检查，造成时间上的浪费。

（2）由采购部根据交货单转开请检单，不仅耗时，而且易产生错误。

至于改善的方法，应该把交货单和请检单进行合并，变为一式四联的入库检验单，各外购工厂的交货单一律废止，统一使用本公司印刷的入库检验单。这样，可以减少很多中间环节的重复操作。采购部不必根据交货单填写请检单，财务部也不必核对请检单和交货单是否一一对应。改善后的事务流程如下图所示。

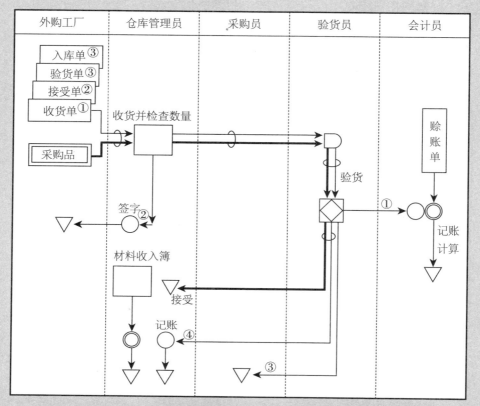

外购品的接受事务工程分析(改善方案)

4.改善方案的实施与评估

因为事务作业的改善往往会涉及比较多的相关部门或人员,所以改善方案提出之前要多方探讨,提出来之后,要向有关部门说明清楚,必要的时候还要实施教育训练或召开说明会,做到众所周知,以便使改善方案真正落到实处。

改善方案付诸实施之后,应查看事务工作是否按照改善方案的程序运行,以及改善的目的是否达到。比如:表单的数量是否如预想的减少,处理时间是否有所缩短,事务量是否相应减少。

当然,也应该检查改善方案是否也相应地带来一些副作用。比如给流程中的某些人员带来工作的不便,或者使事务的周密受损。

5.改善内容标准化

事务工程分析的标准化与其他工程分析有所不同,因为事务工程的更改有牵一发而动全身的特点,所以不能抱着"改改看"的态度来进行更改,而应在实施时就将相应的标准化资料完成,并制作实施指南,对相关人员进行教育。

四、时间分析法

时间分析法就是针对时间及产出做定量的分析,找出时间利用不合理的地方,从而进行改善的方法,是 IE 方法中的一种基本方法。

时间分析法既适用于手工作业,也适用于机械的作业时间的测量,因此被广泛应用于现场的作业测定。

(一)时间分析的用具

时间分析使用的主要工具如下。

① 秒表。根据测量作业的精度选择相应精度的秒表,一般来说电子式秒表的精度已足够,最小单位以秒计,随着熟练度的提高可以提高精度。

② 观测板。文具店出售的现场记录板也可以,注意不要很重。

③ 观测记录表格。表格式样因企业不同可自行设计,重要的是表格要有分析对象、记录人、日期、部门、地点等项目。

④ 记录用铅笔、油笔等记录用文具。

⑤ 其他作业测定时使用的量具。

(二)时间分析的基本程序

时间分析的基本程序如图 14-3 所示。

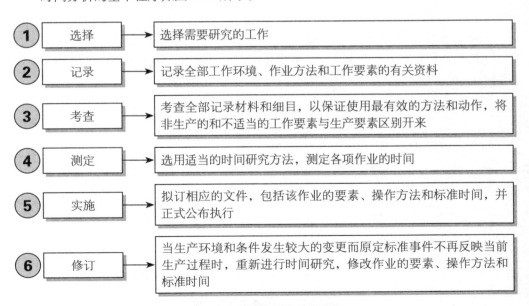

图 14-3 时间分析的基本程序

在公布标准时间时，必须采用以上所列的全部步骤。当时间研究只用来调查无效时间或比较不同工作方法的效果时，只采用前四项步骤。

（三）时间分析的体系

从泰勒把时间分析应用于工厂改善开始，时间分析已走过了一百多年的历程，其方法经过后人不断总结发展，已经蔚然而成体系，具体如图14-4所示。

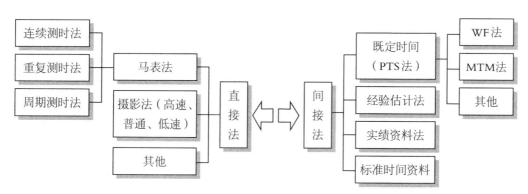

图14-4　时间分析的方法体系

（四）马表法（秒表法）

秒表法就是使用秒表直接进行作业时间观测的方法。这是一种简单易用的观测方法，其主要步骤如下。

① 观测用具准备：秒表、观测板、观测记录簿、笔记本、计算器等。

② 分解作业要素和观测点。作业要素区分必须明显，容易观测；要素的作业时间不能太短，最好能大于0.3秒，如图14-5和表14-13所示。

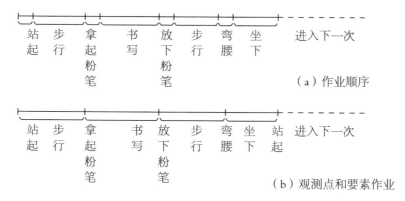

图14-5　在黑板上书写作业

表 14-13　在黑板上写字的作业的要素作业和观测点

要素作业	观测点
（1）走去	拿粉笔的瞬间
（2）书写	放粉笔的瞬间
（3）走回	弯腰的瞬间
（4）坐下	站起的瞬间

③ 观测及记录。事先在记录簿上记下要观测的作业要素及其他必要事项；采取适当的方位、方式及态度进行观测；要多次观测，减少偶然因素影响；观测时，如发现异常事项，应一并记录；算出实际时间。作业分析观测记录如表14-14所示。

表 14-14　作业分析观测记录

被观测的动作	在黑板上写"时间分析"	观测时间	＿月＿日＿时＿分至时＿分						
生产现场		作业人员：							
		观测人员：							

序号	周期 作业要素	1		2		3		合计	平均	状况
		读数	净时间	读数	净时间	读数	净时间			
1	走近黑板									
2	写上"时间分析"									
3	返回椅子									
4	坐下									

④ 分析改善。提出改善的方案。

（五）VTR法（摄影法）

VTR 是 Analysiso of Viedo Tape Recorder 的英文缩写，VTR 法又称摄影法，是指利用摄影机把作业过程录制下来，再到环境较好的地方(如会议室)播放，最后根据录像带所记录的时间进行时间分析的方法。

VTR摄影分析的方法如下。

1.由镜头数得出作业时间的方法

先根据胶卷计算器得到各作业的镜头数,再乘以每一个镜头所花费的时间,如此即可算出作业时间。

2.记录拍摄作业的同时也计算拍摄时间的方法

拍摄作业的同时,拍摄挂钟,用挂钟的时间推算出作业时间。

(六)PTS法(既定时间标准法)

PTS是Predetermined Time Standards的缩写,中文名为既定时间标准法,是作业测定中常用的一种方法。PTS法不是直接求得(测取)作业时间,而是将作业分解成预先规定的若干个基本动作,然后从"标准动作时间表"中把各个相同动作的时间值找出,各个动作时间之和即构成标准作业时间(图14-6)。

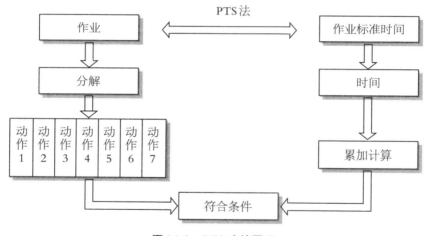

图14-6 PTS法的原理

1.PTS的种类

PTS的种类有很多,主要有三种,见表14-15。

表14-15 PTS的种类

名称	简称	英文原文
模特排时法	MODAPTS法	Modular Arrangement of PTS
方法时间衡量	MTM法	Method Time Measurement
作业要素法	WF法	Work Factor

在运用PTS法进行分析时，无须使用秒表类测定工具，只要记录动作要素即可。

① MODAPTS法。现场管理中得到广泛应用的是MODAPTS法。该方法将人体动作分为21种基本动作，时间单位为MOD，每一种动作均有对应标准时间。标准动作对应对时间如表14-16所示。

表14-16 标准动作应对时间

动作		符号	MOD模数	动作		符号	MOD模数
手臂的移动	手指	M1	1	其他	找出	E2	2
	手腕	M2	2		重抓	R2	2
	前臂	M3	3		考虑	D3	3
	上臂	M4	4		踏	F3	3
	肩部	M5	5		压	A4	4
抓取	接触	G0	0	其他	回转	C4	4
	单纯	G1	1		步行	W5	5
	复杂	G3	3		弯身	B17	17
定位	不要目视	P0	0		坐下	S30	30
	需要目视	P2	2	重量附加		L1	1
	非对称	P5	5				

注：模数（MOD）1代表为0.129秒，模数2代表为0.258秒，依此类推。

【实例】

某公司某工序为振荡器弯曲成型作业，其动作要素如下，试用PTS法求得其工时。

序号	动作要素（作业内容）	MOD模数	图号	零件名	夹具、设备、副料
1	从箱中取出	M4	KF1001	振荡器	
2	放上夹具	P3			成型夹具
3	弯曲成型	A4			镊子
4	取下振荡器	G3			
5	剪去导脚×2	M2×2			剪钳
6	放入箱中	M4			

以上作业工时为：M4+P3+A4+G3+M2×2+M4=(4+3+4+3+2×2+4)×0.129=22×0.129≈2.84（秒）。

作业熟练度	时间	备注
疲劳时	0.142秒	增加10%
普通时	0.129秒	相当于1MOD
熟练时	0.1秒	

② MTM法。MTM法把作业分解为"伸向、移动、抓取、定位、放下、行走"等动作要素，同样也预先作成"标准动作时间表"，时间单位为TMU，1TMU=0.036秒。

③ WF法。WF法把作业分解为"移动、抓取、放下、定向、装配、使用、拆卸和精神作用"等动作要素，同样也预先作成"标准动作时间表"，时间单位为RU，1RU=0.006秒。具体内容请参考本工具第7点的内容。

2. PTS法优点

① 设定标准作业时间的条件众多，周期长，不易立即做到，而PTS法简便易行。

② 任何作业均由几个、几十个基本共通动作构成，PTS法预设的"标准动作时间表"早就得到广泛认同及使用。

③ PTS法预设的时间单位能够满足细微动作分析的需要。

（七）WF法

WF法就是通过把身体分为七部分（包括手指、手、前手臂、上臂、身体躯干、脚、腿，如图14-7所示），以各部分的运动为中心，分析到细小的单位，然后从WF动作时间标准表中查出相应的时间，据此算出作业时间的方法。

用WF法求作业标准时间的基本步骤如下。

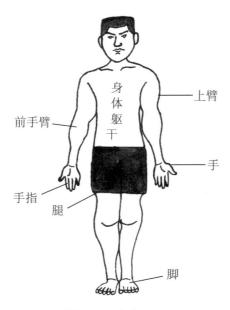

图14-7　身体部分

① 展开动作分析。

a. 使用身体的哪一部位?

b. 该身体部位运动是怎么移动的? 移动到什么程度?

c. 重量或阻力有多大?

d. 有哪些是人为调节的?

② 对于每一个动作,都可以从WF动作时间标准表中找出适用的时间值。

③ 把查到的时间值加起来。

④ 加上宽放时间,设定标准时间。

(八) 标准时间设定

标准时间是指在正常条件下,一位受过训练的熟练工作者,以规定的作业方法和用具,完成一定的质和量的工作所需的时间。

1. 标准时间的界定条件

① 在规定的环境条件下。

② 按照规定的作业方法。

③ 使用规定的设备、治(工)具。

④ 有受过训练的作业人员。

⑤ 在不受外在不良影响的条件下。

⑥ 达成一定的品质要求。

完成一个单位的作业量所必需的时间,这里的作业单位可以是1件,也可以是1千克、1吨、1米、100米等,具体应根据产品本身的特点和管理的需要加以设定。

2. 标准时间的构成(图14-8)

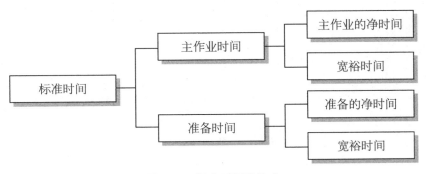

图14-8　标准时间的构成

3. 标准时间的计算方法

一般而言,标准时间可以用下列公式表示。

标准时间=观测时间×评价系数×(1+宽裕率)=实际时间×(1+宽裕率)

其中，观测时间指的是实际观测到的时间值的平均，而观测时间由于受到作业者熟练度、工作意愿、情绪等的影响，并不能代表真实的情况，所以应加以修正，乘上一定的评价系数，求得实际时间作为标准时间的主体，而实际时间应考虑一定的宽放，作为疲劳、等待、喝水、上厕所等必要项的预备，这样才得到标准时间。

4.标准时间的设定步骤

① 明确设定标准时间的目的。
② 选择时间观测的方法。
③ 确定对象作业和产品。
④ 对主作业进行时间观测。
⑤ 评估观测时间。
⑥ 确定宽裕时间。
⑦ 算出主要作业的标准时间。
⑧ 算出标准作业时间。
⑨ 计算出每一个单位的标准时间。

标准时间计算公式的含义如图14-9所示。

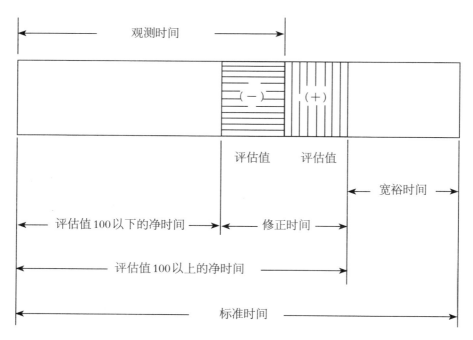

图14-9 标准时间计算公式的含义

5.设定标准时间的注意事项

① 设定可信度高的标准时间。有时由于设定的标准时间过于严格，以至于实际的作业时间难以达到标准时间，使得谁也不相信这个标准时间。如果设定的标准时间没有什么可信度，在生产活动中就不能作为计划、管理、评价的尺度，那么最终将导致难以确保生产量，延误了交货期，失去客户的信任，也难以实现产品管理的重要项目的Q（质量）、C（成本）、D（交货期）之中的C、D两项。

② 设定标准时间时，要由拥有正确的知识和十分熟练、有经验的人担当。

要设定标准时间，必须要掌握时间观测、评估和宽裕率等专业知识。因此，要由专业人员来设定标准时间。最好由非常了解现场一线的作业员、小组长、班长、QC研究小组的领导和专业成员共同合作设定标准时间。

③ 设定标准时间之前，进行作业的标准化。

首先进行现状作业的标准化。而作业标准化的前提是：充分讨论作业方法、作业顺序、人员分配、工具。

④ 作业方法和作业条件发生变化，要重新设定标准时间。

五、工作抽样法

工作抽样法又被称为"瞬时观察法"，是指利用统计学中随机抽样的原理，按照等概率性和随机性的独立原则，对现场操作者或机器设备进行瞬间观测和记录，调查各种作业事项的发生次数和发生率，以必需而最小的观测样本，来推定观测对象总体状况的一种现场观测的分析方法。

（一）工作抽样法的适用范围

工作抽样的使用范围很广，可用于工厂、医院、商店、饭店、旅馆、机关团体等各类单位的工作研究。工作抽样主要用于以下方面。

① 调查工时利用和设备开动状况，拟定克服工时损失或设备停台的措施。

② 评价操作者在工作班内各类操作活动比例的适当性，确定合理的作业负荷。

③ 调查并制定时间定额中各类工时消耗比率。

④ 调查和制定在专业生产条件下，零件加工的作业时间或产量定额。工作抽样只能得到作业现场的一般情况，不易得到观测对象的个别差异。

（二）工作抽样的观测项目

工作抽样的观测项目有许多，如表14-17所示。

表14-17 工作抽样的观测项目

序号	项目	说明
1	作业	正规作业或监视作业,即对产品的完成具有建设性的动作,包括作业员的自主检查
2	装卸材料	以从事操作为目的,为使机器作业或人工作业,将工作物置于准备位置。结束后,将产品卸下放于规定位置,并且包括整理或搁置材料其间的动作
3	调整机器	包括工件由一个工作站搬至另一个工作站以及为暂时放置而进行的搬运行为
4	搬运工件	因上一个工作站或材料供应不上而使作业员等待,或因记录、领料、联络、找搬运车、垫板等原因
5	管理等待	容器及机器故障修理等造成的等待,如调整机器、找工具、刀具、模具、图纸、换模具等都属管理等待
6	离开	离开其工作区域,去洗手、上厕所、喝水、休息等。就机器而言,人离开而没关电源,视为机器离开
7	清扫	作业员清扫工作区域以及整理下脚料或废料
8	停机	作业员将机器电源关闭
9	谈话	与作业无关的谈话
10	其他	请假、迟到、早退、质检、在工厂走动或站立无动作,材料选择或集合、指示、训练等

(三)工作抽样法的步骤

工作抽样法的步骤如下。

1. 明确分析目的

按照分析目的,决定观测的准确度、观测次数、观测时间。因此,首先明确目的很重要。实施抽样法的主要目的是如图14-10所示。

目的一 ▶ 把握现状问题点

(1)掌握作业的实际情况,确定改善的重点
(2)调查机械的运转率,有效、灵活地应用它
(3)调查作业人员的劳动率和机械的运转率,以决定每一个作业人员最适合操作机械的台数
(4)提高劳动效率,掌握及改善非运转的原因

| 目的二 | 便于管理，得到标准情况 |

（1）设定标准时间
（2）获取标准时间设定的基本资料
（3）求出宽裕率

图14-10　实施抽样法的主要目的

2.确定观察及其范围

采取工作抽样法，既可将作业人员、机械设备作为观察对象，也可一次性观测多个作业人员和多套机械设备。所以，首先要考虑调查目的、调查时间和劳力，决定观测人数、机械设备的台数及在什么范围内进行调查。

3.确定观测项目

一般来说，观测项目大致可分为作业、宽裕和非作业。要决定具体的观测项目，比如调查目的是为了掌握和改善宽裕率及机械设备的停止率的情况，则详细地把内容进行分类。以下是分类的一个实例。

【实例】

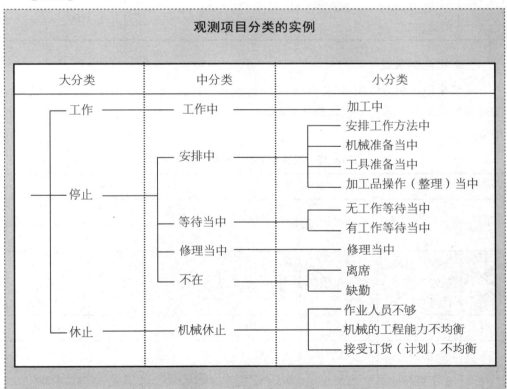

例如，机械运转状况调查的观测项目有：实际切削、不伴有实际切削的机械操作、测定、安排、起重机等待当中、工具等待当中、缺少工具、等待零部件、等待零部件切割、空转、故障。

4. 确定观测数

观测数越多，则精确度越高，观测人员才能够做出更加正确的判断。但是，若观测数太多，则要花费太多的时间，因而要确定正确的观测数，须从运转率、精确度、可信度的计算式来求得。

决定在现场的实际观测数，可按表14-18的标准来确定。

表14-18 观测数的大致标准

序号	观测目的	观测数标准/个
1	发现一般的问题点，找出线索的场合（确定故障所在）	100
2	探寻机械停止作业，作业人员等待的原因	600
3	评价特定的状态（安排、产品的处理、延误等）的场合	2000
4	了解人和机械的工作效率的场合	4000
5	设定标准时间，确定宽裕率，精确了解人和机械的工作率的场合	10000以上

5. 求出观测次数

一般来说，观测数和观测回数是不同的概念。但是，在以一个人或一台机械为观测对象的情况下，所得出的观测数即观测次数。表14-19为某企业的铲车运转率调查结果。

表14-19 某企业的铲车运转率调查结果

表格题目	铲车运转率的调查		2月25日 8:00～17:06	
工场	第一产品仓库		调查对象：铲车5台	
			观测者：刘×	
观测No.	No. 观测时间	S-101号车	S-103号车	S-105号车	合计	状况
1	8:05	√	√		2	未出库
2	8:39	√	√		2	
3	9:13	√	√		2	未出库

续表

观测 No.	观测时间 No.	S-101号车	S-103号车	S-105号车	合计	状况
4	9:47	√	√	√	3	
5	10:21	√	√		2	未出库
6	10:55	√	√		2	
7	11:29				0	未进出库
8	13:03	√			1	未入库
9	13:36	√	√		2	未出库
10	14:10	√	√	√	3	
11	14:44	√			1	未出库
12	15:14				0	未进出库
13	15:48	√	√		2	S-103号车修检
14	16:22	√			1	未出库
15	16:56	√			1	S-105号车修检
合计		13	9	2	24	
（记事）						

在此例中，3台铲车在第一产品仓库内进行出库作业，即3台机械在同一条件、同一设备下作业，所以做一次观测能得出3个数据。那么，根据表14-19可知，如观测数为600的话，观测回数为600÷3=200（次）。

在此，对象的数量是观测对象的机械的台数或作业人数。

6.确定观测期间

考虑到调查目的和观察对象的工作状态，确定观测期间显得很重要。一天做200次的观测，即使再准确也不能以此来推断其一周、一个月的工作状态，因为工作效率会随着时间的不同而发生变化，具有一定的周期性，还有因生产计划和条件的不同而发生很大的变化。一般来说，一天的观测次数在20～40次较为合适。

还是用前面的铲车运转率调查的例子来具体地推算其观测期间,按照步骤(5)可得出其观测回数为200次,假设一天的观测回数为20次的话,200÷20=10(日),即10天的观测时间。如果一天的观测回数为40次的话,200÷40=5(日)就可以了。

设定标准时间,求宽裕率的情况,通常需要1～3个月的长时间观测。

$$观测次数=观测数÷对象的数量$$

7. 求出一天的观测次数

一天的观测次数,为观测次数除以观测天数,比如,观测次数为200次,观测期间(天数)为10天,200÷10=20,一天的观测次数为20次。

$$一天的观测次数=观测次数÷观测期间$$

8. 决定观测时刻

观测时刻应预先随机抽取作业开始及作业结束前的30分钟,否则容易加入过多的观测者的主观意识,这样会产生片面性。

9. 决定观测路径

随机决定每次观测的巡回路径很重要。预先确定几条路径,每次再临时决定从什么地方出发,以哪条路径进行观察。

10. 做好观测准备

准备好观测表、钟表、笔等工具。观测数较多的话可由两个人来负责,分别观测不同的观测对象。为避免两人之间出现差错,事先应做好调整。

根据调查目的、调查内容,应制作易于使用的观测表,如表14-20所示,在观测表中记录好必要事项。一般来说,必要项目有作业名称、作业人员、机械设备、分析者、调查日期、观测时刻、观测项目等;把观测项目分类为作业、宽裕、非作业等。

表14-20 工作抽样法的观测

表格题目							__月__日__时__分至时__分	
工作场所							调查对象:	
							观测者:	
观测No.	No.观测时刻						合计	状况
1								
2								
3								

续表

观测 No.	观测时刻 No.			合计	状况
4					
5					
6					
7					
8					
9					
10					
合计					
（记事）					

11. 实施观测

在已决定的时刻，按照已决定的路线对观测对象进行瞬间的观察，确认其作业内容，在观测表的相应栏目中记录"√"号或者"○"号。表14-21是用工作抽样法，对在厚纸板钻孔的作业进行观测所得出的结果。一天25次，共4天。观测项目有3项：加工作业、附带作业和非作业。对于每一个观测项目都把其内容细分好，记录在观测表的下方。

表14-21 工作抽样法观测结果（对厚纸板的作业分析）

机械	厚纸板		作业工程		钻孔		观测者		陈××
日／月	1／8		2／8		3／8		4／8		备注
No.	时刻	观测	时刻	观测	时刻	观测	时刻	观测	
1	8:10	×	8:15	√	8:15	×	8:20	○	
2	8:26	○	8:31	√	8:31	×	8:36	○	
3	8:42	√	8:47	○	8:47	○	8:52	√	
4	8:58	○	9:03	○	9:03	○	9:08	○	
5	9:14	○	9:19	○	9:19	√	9:24	○	

续表

No.	时刻	观测	时刻	观测	时刻	观测	时刻	观测	
6	9:30	√	9:35	√	9:35	√	9:40	×	
7	9:46	×	9:51	○	9:51	○	9:56	√	
8	10:02	×	10:07	○	10:07	○	10:12	○	
9	10:18	○	10:23	○	10:23	√	10:28	○	
10	10:34	√	10:39	√	10:39	○	10:44	○	
11	10:50	√	10:55	○	10:55	○	11:00	√	
12	11:06	○	11:11	○	11:11	×	11:16	○	
13	11:22	○	11:17	√	11:17	○	11:32	×	
14	11:38	√	11:33	○	11:33	○	11:48	○	
15	11:54	○	11:49	○	11:49	○	13:04	○	
16	13:10	○	13:05	○	13:05	√	13:20	○	
17	13:26	○	13:21	○	13:21	√	13:36	○	
18	13:42	√	13:37	×	13:37	○	13:52	×	
19	13:58	√	13:53	○	13:57	○	14:08	○	
20	14:14	×	14:09	○	14:09	√	14:24	√	
21	14:30	○	14:25	○	14:25	○	14:40	○	
22	14:46	○	14:41	○	14:41	○	14:56	○	
23	15:02	√	14:57	√	14:57	○	15:12	○	
24	15:18	○	15:13	○	15:13	○	15:28	√	
25	15:34	×	15:29	×	15:29	×	15:44	○	区分
合计		○ 12		17		15		17	○
		√ 8		6		6		5	√
		× 5		2		4		3	×

注：○表示加工作业——确定位置，切割（在生产第一线，正在作业）；√表示附带作业——组装，调整状态（在生产第一线，但在做加工以外的事）；×表示非作业——等待，搬运，休息，上厕所（离开生产第一线）。

一般来说，首先必须填写好作业名称、观测期间、观测时刻、观测项目、观测者等。把观测项目分类为主作业、附带作业、宽裕和非作业等。

观测时必须注意的要点如下。

① 看到被观测者的瞬间就开始进行观测，确认这一瞬间的作业内容，记录在观测表上。

② 作业人员不在时，记录不在的标志，问其他作业人员他不在的理由，或事后问本人。

③ 观测中如发现问题点或改善点，必须做好记录。

④ 如有观测项目以外的作业，将其归入其他一栏中。如有必要的话，再新增加一项。

⑤ 调查目的应事先通知对象车间，但不要通知观测时刻和观测路线。

12. 整理观测结果

整理观测结果要求每天都要统计数据。统计的方法如表14-22所示，它是对某电器产品进行组装一天观察的结果。观测项目有主作业、准备作业、宽裕和非作业，对每一项都进行了划分，有8名作业者，观测时的记号都为"／"。从表14-22可知，在8:34时的观测是：在主作业中，正在插入零件的有2人，焊接的有2人，组装零件的有1人，处理产品零件的有1人；在准备作业中，其他作业的有1人；在宽裕项目中，等待的有1人。

表14-22　工作抽样法的观测表（一日）

工程名	组装工程					姓名	王××	承认		印章		制作	李××	
作业名														
作业者	8名					部门			××部					
设备						制造车间			组					
区分	主作业					准备作业			宽裕				非作业		合计
项目＼时刻	插入产品	焊接	拧紧螺栓	组装零件	处理零件	其他	材料准备	零件运输	整理零件	其他	修正	工具准备	搬运	商量	等待	上厕所	其他	聊天	休息	其他	
1	8:23	/		/		//		/			/			/		/						8
2	8:30	//	/		/			/		/				/								8
3	8:34	//	//		/	/					/					/						8
4	8:37	/		/		///							/		/							8

续表

区分		主作业						准备作业				宽裕						非作业			合计
项目 时刻		插入产品	焊接	拧紧螺栓	组装零件	处理零件	其他	材料准备	零件运输	整理零件	其他	修正	工具准备	搬运	商量	等待	上厕所	其他	聊天	休息	其他	
5	8:58	///		/		//	/									/						8
6	9:27	//	/		/	/													//			8
7	9:36	/	/	/		/			/													8
8	10:35	//				///	/															8
9	11:16		/						/						/							8
10	11:20	/	/		///									/						/		8
11	11:35	//		/	//										/							8
12	13:15	//						/		/											/	8
13	13:29	//	/	/					/													8
14	13:41	//							/						/							8
15	13:55	///		/		///																8
16	14:32	/												/								8
17	15:05				//								/			/						8
18	15:45	//														/						8
19	16:02	/		//	///															/		8
20	16:34	//			//			//	/													8
每项		33	17	9	17	45	2	3	4	4	2	4	2	4	2	4	1	2	2	3	1	160
每项比例/%		20.6	10.6	5.6	10.6	28.0	1.3	1.9	2.5	2.5	1.3	2.5	1.3	2.5	1.3	2.5	0.6	1.3	1.3	1.9	0.6	100
各区分		122						13				19							6			160
各区分比例/%		76.7						8.1				11.4							3.8			100

观测结果的整理按以下步骤进行。

① 统计各观测时刻的次数,因有8个人作业,所以每次观测都须得出8个数据,

确认核对栏里必须是8。

② 统计观测的每一项。比如，插入零件33回，焊接17回，拧紧螺栓9回等。

③ 分别按时刻合计和项目合计。按时刻合计为8×20=160；按项目合计为32+17+9+17+45+…+2+3+1=160，数据都要一致，不一致时就重新统计。

④ 算出各观测项目的比例。下面来计算组装零件所占的比例。组装零件有17次，观测数为160次，因此组装零件的比率为17÷160×100=10.6%。

⑤ 统计观测项目的分类比率。对主作业进行统计，如表14-23所示。

表14-23　统计观测项目分类比率

项目	次数/次	所占比率/%
插入零件	33	20.6
焊接	17	10.6
拧紧螺栓	9	5.6
组装零件	17	10.6
零部件的处理	45	28.0
处理产品零件	2	1.3
合计	123	76.7

⑥ 整理观测期间整体的结果。

前面的① ~ ⑤ 是以一天为单位进行的，而在观测结束时，则须把整个观测期间的观测结果整理到工作分析统计表（表14-24）上去。

表14-24　工作分析统计

对象名					姓名		承认	印章	制成	
观测期间	6月26~30日（5天）								刘××	
记事					部门			××部		
					制造车间			组		
区分	主作业				准备作业			宽裕		
项目 □日 □星期	插入产品	焊接	拧紧螺栓	组装零件	其他处理零件	准备零件	整理零件	其他	作业宽裕	车间宽裕	人的宽裕	非作业
6月26日星期一	33	17	9	17	47	7	4	2	9	6	3	6

续表

区分		主作业				准备作业			宽裕			非作业
项目 □日 □星期		插入产品	焊接	拧紧螺栓	组装零件	其他处理零件	准备零件	整理零件	其他	作业宽裕	车间宽裕	人的宽裕	非作业
6月27日星期二		35	16	11	14	53	6	5	1	7	8	2	2
6月28日星期三		33	15	13	19	48	9	2	2	11	5	0	3
6月29日星期四		31	19	8	15	54	5	5	0	6	9	4	4
6月30日星期五		38	17	11	21	51	3	1	0	10	5	2	1
合计(每一项)		170	84	52	86	253	30	17	5	43	33	11	16
各项比例/%		21.2	10.5	6.5	10.8	31.6	3.8	2.1	0.6	5.4	4.1	1.4	2.0
合计(各区分)		645					52			87			16
各区分比例/%		80.6					6.5			10.9			2.0

表14-24是关于"统计观测项目分类比率"所示的某电器产品的组装作业,把6月26～30日5天间的观测结果,分别按日整理的工作分析统计表。从5天的调查结果可知,主作业为80.6%,准备作业为6.5%,宽裕为10.9%,非作业为2%。宽裕和非作业时间103=(87+16)占12.9%,要改善它们才可能提高劳动生产率。

13.讨论结果

整理好了观测结果,就要对结果进行讨论,讨论的内容如下。

① 工作状况、非工作状况及每一个作业内容的比率。

② 工作效率转移、变动的状况。

③ 讨论人或机械设备间工作率的差别。

④ 讨论作业负荷的合理化。

⑤ 讨论间接业务的标准化。

⑥ 讨论其他特定项目的主要原因。

以下举三个抽查与分析的例子予以说明。

第十四章 现场改善的工具

【实例1】

以下为分析的结果——问题重点实例。

分析的结果——问题重点实例

区分	观测事项	比率/%
运转中	有效作业	29
运转中	准备作业	20
运转中	不良重制重修	14
非运转（作业员原因）	休息	4
非运转（作业员原因）	如厕/喝茶	5
非运转（作业员原因）	交谈	5
非运转（非作业员原因）	停工待料	11
非运转（非作业员原因）	机台故障	4

（1）有效的真正作业才占29%（大警讯），作业员仍很忙（运转占63%），但实际生产力低，准备作业占20%，为什么？

不良重制重修占14%，为什么？

（2）作业员责任很小，已够努力。如厕/休息仅各占5%左右，已处于世界性宽放水准范围内。

（3）停工待料占11%，为什么？

【实例2】

以下为原因对策的实例。

1. 准备作业工时比率高

准备作业工时比率高的原因与对策

原　因	对　策
多批小量生产	运用群组技术集合派工法，减少准备次数/时间
供料不及，分段生产	运用DPS缺料分析手段，抑减不必要的分段生产
换刀、换道具模具时间长，尤其是调整时间长	进行Single Set-up（单分准备，即快速换模）准备作业改善

2. 不良重制重修比率高

不良重制重修比率高的原因与对策

原 因	对 策
前制程不良的蔓延	各主制和运用计量工具做主检查/顺次点检/线上检查
材料本身不良	强化并落实进料品质保证
机台精度未能确保，产生不良	运用制程能力分析手法，确保机台精确度/精密度
作业员不小心的疏忽	运用 Fool Proof（防呆法）防呆式工作设计，完全避免出错
新进人员不会做/不熟练	培训基层管理人员工作指导能力

【实例3】

工人作业状况抽查分析：在对ABC工厂工人作业情况的抽查中，抽查对象为有生产任务的工人，包括主操作工和辅助工，但不包括车间管理人员、电工和修理工；抽查时间选择全天工作时间的不同阶段，如早、中、下午，不包括晚上。一般选择工作任务比较正常或工作量稍多的工作日。现把抽查的结果汇总于下表中。

工人作业状况抽查分析结果一览表

序号	项目	生产性次数的比例/%					非生产性次数比例/%					抽查总数/个
		作业	装卸	搬运	调机	合计	离开	等待	谈话	其他	合计	
1	开机6台作业人数10人	45.0	20.7	16.2	2.7	84.6	0.8	10.1	1.0	3.5	15.4	487
2	开机9台作业人数15人	44.3	20.0	5.6	8.1	78.0	2.5	11.7	2.9	4.8	21.9	751
3	开机11台作业人数24人	43.1	21.6	6.6	5.5	76.8	2.8	18.0	1.0	1.4	23.2	362
4	开机1台作业人数2人	38.9	20.5	14.1	1.7	75.2	3.3	19.6	1.0	0.9	24.8	347
5	开机11台作业人数23人	30.3	22.8	8.4	5.7	67.2	1.5	26.8	1.0	3.7	33.0	489
6	开机1台作业人数6人	38.9	24.9	7.7	1.7	73.2	0.6	23.8	1.5	1.3	27.2	181

续表

序号	项目	生产性次数的比例/%					非生产性次数比例/%					抽查总数/个
		作业	装卸	搬运	调机	合计	离开	等待	谈话	其他	合计	
	合计	240.5	130.5	58.6	25.4	455	11.5	110	8.4	15.6	145.5	2617
	平均	40.1	21.8	9.8	4.2	75.9	1.9	18.3	1.4	2.6	24.2	436.2
	加权平均	40.6	21.3	9.5	5.0	76.4	2.0	17.0	1.6	3.1	23.7	473.1

注：加权平均以作业人数为权重计算。

由上表可知，ABC工厂工人在工作时间里，生产性次数平均比率为76.4%，非生产性比率平均为23.6%。而在良好的管理条件下，一般宽放的期望合计值对实际工作时间之比为15%，对正常时间值之比则为17.6%（18%）。可以认为，在8小时的实际工作时间之内便有72分钟的宽放时间。相比之下，ABC工厂宽放率过高，生产效率偏低。

从上表可看出，就作业员作业状况而言，装卸工件的比率高达21.3%，几乎是工人作业比率的一半。这说明一方面是由于生产任务比较大；另一方面则反映出ABC工厂在装卸中存在着不少问题，经调查可知，装卸中不仅缺乏行之有效的装卸工具，更缺乏良好的简化装卸的意识和方法，造成在作业时间、操作动作、运距和工人体力上的浪费，同时也造成了设备空转和闲置而造成的各种浪费。

从上表还可知，在生产性次数中，搬运工件占总统计数的9.5%。而从一些资料上得知，中国台湾同类企业，无论生产效率高低，搬运的比率在整个调查项目中只占4%左右。ABC工厂几乎是其2倍，这说明在搬运中也存在着很多问题。调查发现，由于管理上责权不明确，造成搬运在运距、搬运线路、寻找工件、整理工件、测量尺寸等各个方面的困难和浪费。这一问题十分突出，每天、每时在每一道工序上都发生着，是管理上的又一个薄弱区，同时也预示着从这一问题入手，有望大大增加有效作业时间，提高生产效率。

此外，在非生产性次数中，"等待"占的比例最高，达到18.3%。通过观察，尤以找工件、暂时无事可做以及看图纸最多。

通过以上对ABC工厂工人作业状况的工作抽样和分析认为，生产效率偏低最终还是管理问题，其核心主要是由于对管理上缺乏科学合理的考核指标以及相配套的奖惩制度，使得领导和工人都缺乏工作的主动性、自检和互检的严格性及高涨的创造性，造成了工作不讲效率，不讲质量只讲数量的不良意识和习惯，而这些不良意识和习惯就具体反映在工作抽样的结果中，即主要是装卸、搬运和等待偏高的比率上。

六、人-机配合分析法

人-机配合分析法,即指通过图表形式分析人与机器、人与人之间的组合作业时间流程样式,找出作业中的人或机器存在的"待工"或"玩"等现象,从而改善工作的手法。

(一)人-机配合分析的目的

人-机配合分析法的目的是通过弄清人与机器、人与人的组合作业之间的相互关系,找出"玩""待工"等现象,从而改善作业。其目标如下。

① 消除作业人员的"待工"现象,缩短作业时间,提高生产量。
② 消除机器"玩"的现象,提高机器运转率。
③ 拥有的机器设备数量合适。
④ 共同作业的组合人数合适。
⑤ 使机器与人的作业负荷均衡。

也就是说,在更少的作业人员和更短的时间条件下,使作业负荷均衡等的同时,如何将作业改善使其更加合适有效。换句话说,使用较少的人数以及较短的时间,一面谋求作业负荷均等,一面使作业员能够舒服地完成作业。

(二)人-机配合分析的记号

人-机配合分析记号如表14-25所示。

表14-25 人-机配合分析记号

	作业者			机器	
	单独	该作业人员与机器或其他作业人员没有关联		自动	与作业人员毫无关系的自动机器作业
	联合或手工	该作业人员与机器或其他作业人员一同进行作业,并在时间上受其中某一个制约		手工	由于作业人员的作业顺序、安装、拆卸以及手工作业等因素而制约机器的作业
	"待工"	由于机器或其他作业人员正在进行作业,可迫使自己的作业发生待工现象		"玩"	由于作业人员正在进行作业而使机器停止作业或空转的现象

(三)人-机配合分析的步骤

人-机配合分析的步骤如下。

1.确定调查对象及目标

① 调查对象。调查对象是工作岗位,可通过打听和对有关资料进行调查来了解生产状况、设备状况、工厂布局、工序流程等实际情况。其中对作业人员和机器的实情及作业内容的调查必须在现场进行。另外,还要对作业人员的技术水平、熟练程度、各机器的特征、性能等进行调查,尽量掌握所有的问题。

② 目标。要进一步使改善目标具体化,例如,要进一步提高生产率;或增加每个作业人员的机器台数,使作业更加省力;或要减少机器数量等。这些都要和上级主管和有关人员商量,并把它确定下来。

2.对一个周期作业进行分析

把作业人员和机器各自分成不同的周期作业内容,并绘制流程图,如图14-11所示。

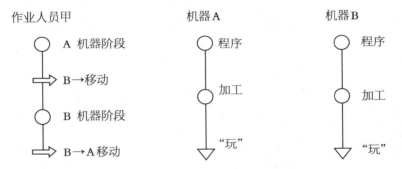

图14-11 人-机配合流程图

3.找出时间达到一致的地方

作业人员与机器同时作业,找出应该使两者保持时间一致的地方。将图14-11的水平替换,使之横向同时作业,便成了图14-12。

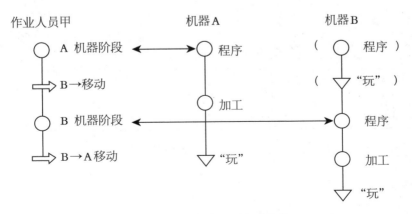

图14-12 作业流程图水平替换

4.测算各步骤的时间

运用（3）测算各步骤所需时间，此时，应要求同时作业的作业时间保持一致。

5.制作人-机分析图

各个步骤采用分析记号表示，其中所需时间用柱状表示，并使之在时间上保持一致，这个图便是人-机分析图（图14-13）。

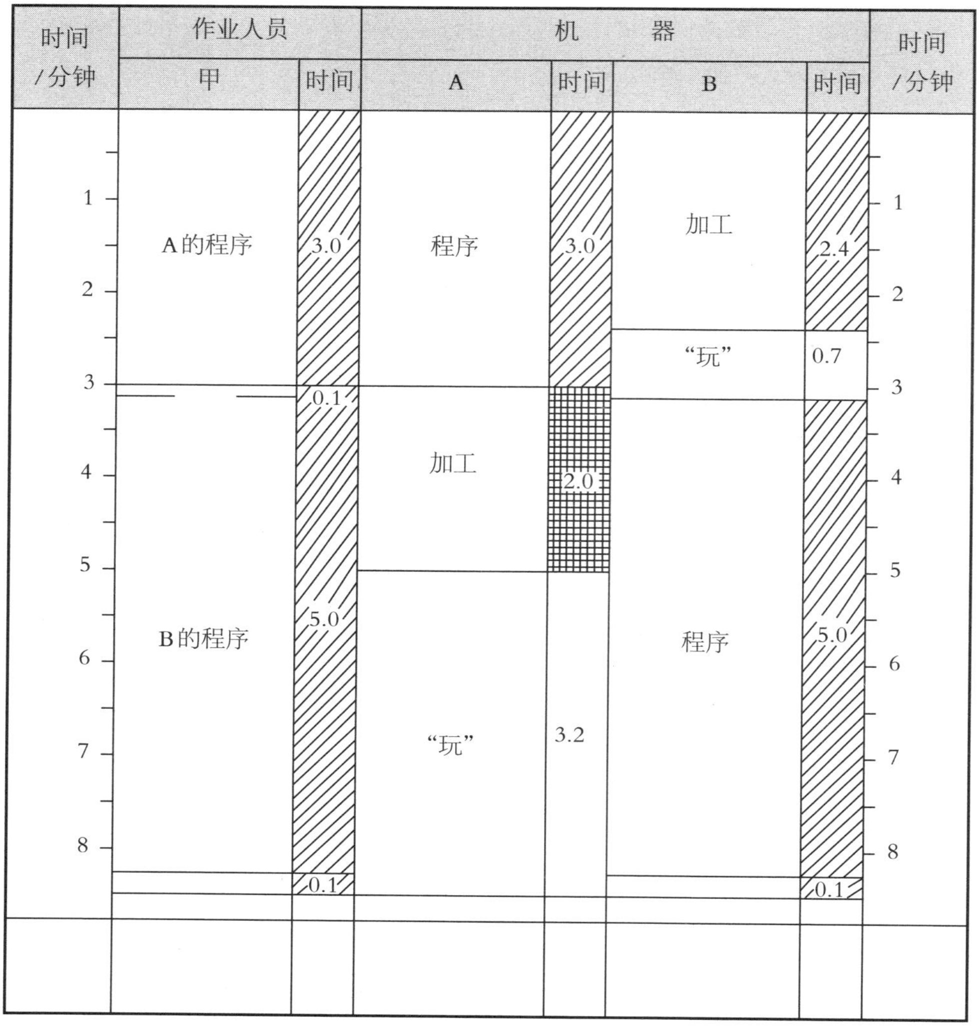

时间/分钟	作业人员		机 器			
	甲	时间	A	时间	B	时间
1	A的程序	3.0	程序	3.0	加工	2.4
2						
3		0.1			"玩"	0.7
4			加工	2.0		
5						
6	B的程序	5.0			程序	5.0
7			"玩"	3.2		
8		0.1				0.1

图14-13　人-机分析图（改善前）

6.整理分析结果

将分析结果按表14-26进行整理。

表14-26　人-机分析统计表

项目	作业人员甲		机器A		机器B	
	时间/分钟	比例/%	时间/分钟	比例/%	时间/分钟	比例/%
单独自动	0.2	2	2.0	24	2.5	30
手　工	8.0	98	3.0	37	5.0	61
待工、"玩"	0	0	3.2	39	0.7	9
合　计	8.2	100	8.2	100	8.2	100

7.制作改善方案

参考表14-27进行研究讨论，制定改善方案。

表14-27　人-机分析改善的目标

序号	分析结果	目标
1	作业人员发生待工情况	（1）缩短自动运转的时间，使之高速化，改善机器作业 （2）改善手工作业时间，是否可以将其放到自动运转中进行
2	机器发生"玩"的情况	（1）缩短作业人员单独作业时间 （2）改善手工作业，使手工作业变为机器作业
3	作业人员、机器同时发生待工、"玩"的情况	（1）变换作业顺序 （2）对前项的目标进行考虑
4	作业人员、机器都较少发生待工、"玩"的情况	改善作业人员和机器的各个作业

通过"人-机分析统计表"可以清楚地发现作业人员甲处于满负荷工作状态，没有一点休息和闲暇时间，但机器A、B都出现了"玩"的现象，特别是机器A"玩"的时间很多；另外，手工作业多，特别是机器B中的手工作业过多。

于是应把重点放在机器A、B中的手工操作时间差上，讨论这个时间差是如何引发的，并通过改善部分夹具，使机器B的手工操作时间和机器A保持一致，便可使作业获得改善。

基于此改善方案，绘制人-机分析图（图14-14）；另外，改善前后的差异如"人-机分析改善前后比较表"所示。

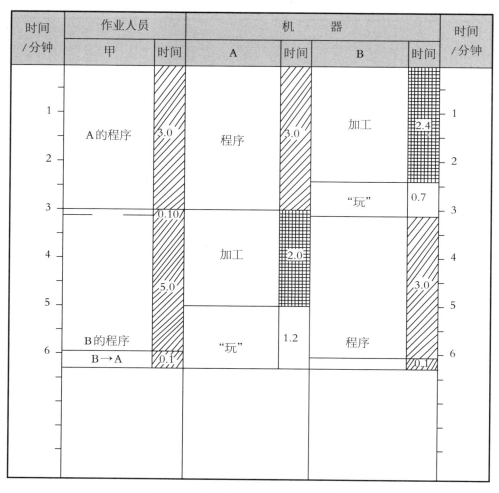

图 14-14 人-机分析图(改善方案)

表 14-28 人-机分析改善前后比较表

项目	作业人员甲		机器A		机器B	
	现状	改善方案	现状	改善方案	现状	改善方案
单独、自动	0.2 (2)	0.2 (3)	2.0 (24)	2.0 (33)	2.5 (30)	2.5 (41)
手工	8.0 (98)	6.0 (97)	3.0 (37)	3.0 (48)	5.0 (61)	3.0 (48)
待工、"玩"	0 (0)	0 (0)	3.2 (39)	1.2 (19)	0.7 (9)	0.7 (11)

续表

项目	作业人员甲		机器A		机器B	
	现状	改善方案	现状	改善方案	现状	改善方案
合计	8.2（100）	6.2（100）	8.2（100）	6.2（100）	8.2（100）	6.2（100）

注：单位为分钟，括号中的数字为比例（%）。

其结果是，总作业时间（一个作业周期的时间）从原来的8.2分钟缩短为6.2分钟，机器A、B"玩"的时间比率各自变化为19%、11%；运转率机器A变化为33%，机器B变化为41%；生产量是8.2÷6.2×100≈132，增加了32%。

8. 评价改善方案的实施办法

如果明确了改善方案的效果，就得将这一改善方案实施，并对实际作业效果加以客观评价。

从以上步骤所得的数据可知，尽管一个作业周期时间缩短了2分钟，且生产量也有约32%的增加，但是，作业机器还存在"玩"的现象，机器的操作时间过多，因此，应该进一步加以改善。

9. 将改善方案标准化

如果确定改善方案达到了预期目的，就应使之标准化，防止再回到原来的作业方式上去。

七、生产线平衡

生产线平衡就是对生产的全部工序进行均衡化，调整作业负荷，以使各作业时间尽可能相近的技术手段与方法。它是生产流程设计及作业标准化中最重要的方法。生产线平衡的目的是通过平衡生产线使现场更加容易理解"一个流"的必要性及生产作业控制的方法。

（一）适用范围

① 新组成生产线时。在新组成的生产线的设计阶段和新产品的试生产阶段，对确立产量体制，需要灵活运用生产线平衡分析。讨论的关键有以下几点。

a. 能否实现一天的必要生产量。

b. 制造每一个产品需花费多少工时。

c. 必须分配到生产线上的工作人员为多少。

d.能否满足车间、运输等其他条件。

　　② 确定效率时间。效率时间是决定生产数量重要的基础数据。效率时间为瓶颈工序的净时间加上该工序的宽裕时间。宽裕时间包括疲劳宽裕、用达宽裕、作业宽裕，根据情况不同，有时也加上特殊宽裕时间。

　　③ 比较生产线改善前后的生产线平衡，确认改善效果时。

　　④ 讨论减少工序中半成品的对策时。

　　⑤ 裁员时。必须确定人员减少后的生产线能否确保一天所必要的生产量。因此，应先求出新组成的生产线的效率时间并加以核查。

（二）平衡生产线的目的

通过平衡生产线可以达到以下几个目的。

① 提高作业人员及设备工装的工作效率。

② 减少单件产品的工时消耗，降低成本（等同提高人均产量）。

③ 减少工序在制品，真正实现"一个流"。

④ 在平衡的生产线基础上实现单元生产，提高生产应变能力，对应市场变化实现柔性生产系统。

⑤ 通过平衡生产线可以综合应用程序分析、动作分析、布置分析、搬动分析、时间分析等工业工程方法，提高全员综合素质。

（三）生产线平衡的改善原则

按照速度图表，分析平衡状态，为使各工序消除山谷现象，达到平整化的目的，改善需按表14-29所示的原则进行。

表14-29　生产线平衡的改善原则

序号	改善原则	说明
1	削平时间长的工序的"山峰"	（1）分割作业，把一部分作业分配到作业时间短的工序中去 （2）进行作业改善，缩短作业时间（灵活应用工具） （3）作业机械化 （4）提高机械的能力 （5）增加作业人员 （6）替换技能水平更高的作业人员
2	对时间短的工序的改善方法	（1）分割那部分的作业，把它分配给其他时间短的工序中去，省略那一工序 （2）从作业时间长的其他工序中拿一部分作业过来 （3）与其他时间短的工序结合 （4）减少作业人员

（四）生产线平衡分析的步骤

生产线平衡分析的步骤如下。

1.决定目的、对象

① 由于生产量的变动，考虑生产线人员的编组时。
② 生产线中发生等待时。
③ 生产线中的工程产生半成品时。
④ 作业者的作业量负荷有差异时。
⑤ 策划作业人员裁减时。
⑥ 策划降低成本时。
⑦ 谋求作业改善时。

2.取得有关者的理解和合作

此手法将会成为与现场相当密切的观测，所以须对观测对象的现场有关者充分进行说明，并取得合作。

3.将各工程分解为要素作业

依据单纯工程分析图，抓住工程的流程，将各工程的作业内容分解为要素作业单位。

4.依时间研究来测定每一要素作业的时间

应按时间研究的要领进行，但因改善时要做要素作业的重组等，所以必须尽量以微细的要素单位测定。

5.进行评估

合计各工程的时间值，加以评估，以求净生产时间。

6.求出工程间隔时间

间隔时间是指各工程所输出的时间间隔。

7.制作速度图表

① 先准备好图表用纸。
② 横轴以1厘米左右宽，等间隔划分，按工序顺序记录工序名。
③ 在各工序的下面，记录作业人员、净时间和其他事项。
④ 在纵轴上刻上时间。
⑤ 各工序的净时间用柱形图表示。
⑥ 确认净时间最长的工序，在它相对应的时间刻度处画一条长的直线。
⑦ 用虚线记录效率时间。

效率时间就是表示生产线的速度。

【实例】

一天的实际劳动时间:8小时=480分钟=48000DM。

准备和收拾的时间:20分钟=2000DM。

一天的必要生产量:1300个。

那么,效率时间(P)按照下式可以算出:

$$P = \frac{一天的实际劳动时间 - 准备和收拾的时间}{一天必要生产量}$$

$$= \frac{48000 - 2000}{1300} = 35.4（DM）$$

注:1DM=0.6秒。

⑧ 如图14-15所示,画上斜线。

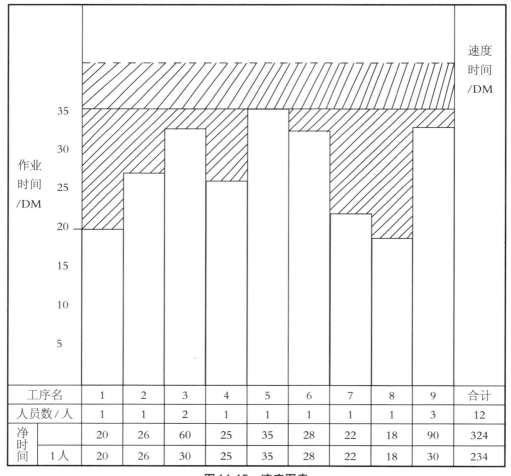

图14-15 速度图表

8.计算平衡率或平衡损失

了解了速度图表的制作过程,就能掌握生产线平衡的状态,明确问题点的所在,知道哪些工序需要加以改善。为了更加定量分析生产线平衡,有表示生产线不平衡状态的"不平衡率"和表示平衡状态的"平衡率",在此,用"%"表示它们,下面说明它们的计算方法。

(1)生产线平衡率的计算方法。

生产线平衡率可按下式计算。

$$平衡率 = \frac{单件标准时间}{瓶颈时间 \times 工位数} \times 100\%$$

根据图14-15的例子计算可知如下。

时间最长的工序(瓶颈工序)的作业时间:35DM。

工位数:12人。

各工序净时间总计:324DM。

因此

$$平衡率 = \frac{324 \times 100\%}{35 \times 12} = 77.1\%$$

单件标准时间 $= T_1 + T_2 + T_3 + T_4 + T_5$,也即流程中各工站所有动作标准时间之和,如图14-16所示。

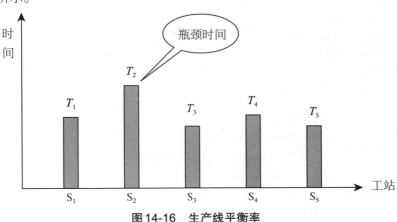

图14-16　生产线平衡率

如果平衡率是100%,则其代表的意思如下。

① 工站之间无等待,前后产能一致。

② 工站节拍相同,动作量相同(动作量是指工站中各种必要动素的时间总量)。

③ 平衡损失时间为零。

④ 设计效率最大化。

⑤ 前后流程的设计可以更完善(图14-17)。

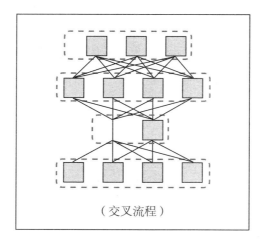

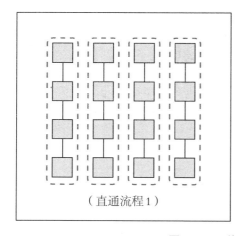 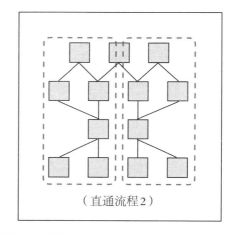

图14-17　前后流程的设计

值得注意的是，本来计算平衡率时，必须要用各工序的标准时间来计算。未设定正确的标准时间时，需用秒表进行时间观测，得出各工序所需的时间，再进行评估，以此作为净时间计算平衡率。

（2）平衡损失的计算

$$平衡损失 = （总工时 - 单件标准时间）\times 设定产能$$

单个产品平衡损失＝等待时间之和。如图14-18所示，单个产品损失＝(T_2-T_1)＋(T_2-T_3)＋(T_2-T_4)＋(T_2-T_5)。

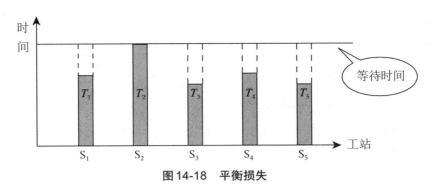

图 14-18　平衡损失

9.检讨生产线平衡

分析结果观点的关键是把握生产线中的瓶颈工序和讨论改善方案。讨论哪些工序生产平衡性较差，改善它们之后，平衡率能否提高。

（1）不平衡率的观点

不平衡率是用"%"表示各工序的不平衡时间的合计与全部工序所需时间的合计的比例。如各工序的作业时间相同，不平衡率就为0。这在由人工操作的现实作业中是无法达到的。一般是把这一范围控制在5%～13%之间，至少也要控制在15%以下，不平衡率大于15%就需要加以改善了。

（2）速度图表讨论的方法

一看到速度图表，生产的不平衡性就一目了然了。凸凹形或者说山谷形也一目了然。从山谷的大小会明白生产线平衡性的好坏。

① 花费时间最多的工序是什么（瓶颈工序）？

② 花费时间最少的工序是什么？

③ 花费时间第二多的工序是什么？

④ 看一看柱形图的山谷是大还是平坦，再讨论改善的方案。

（3）改善技巧的注意事项

① 当生产线出现不平衡状态时，习惯用人员增补来弥补，这种方法不足为取，可以对材料、零件包括设计方法进行改善，看是否有缩短工时的方法。

② 生产线补进的新手，因对工作的熟悉和熟练程度不足，尤其要注意其工作配置。

八、双手操作法

双手操作法，简称为"双手法"，是研究人体双手在工作时的过程，借以发掘出可改善的地方。双手法以图表的方式，来记录操作者双手（足）的动作过程，借此记录来做进一步的分析及改善。

双手操作法适用于那些不是操纵机器，而是以手工操作为主的作业，如装配作业、插件作业等，应用双手操作图进行动作分析，改进操作方法，既提高劳动生产率，又减轻劳动强度。

（一）双手操作程序图的画法

在进行双手操作法分析时往往要用到"双手操作程序图"（图14-19）。双手操作程序图以双手为对象，使用符号（表14-30）记录其动作，表示其关系，并可指导操作者如何有效地运用双手，从事生产性的工作，提供一种新的动作观念，找出一种新的改善途径。

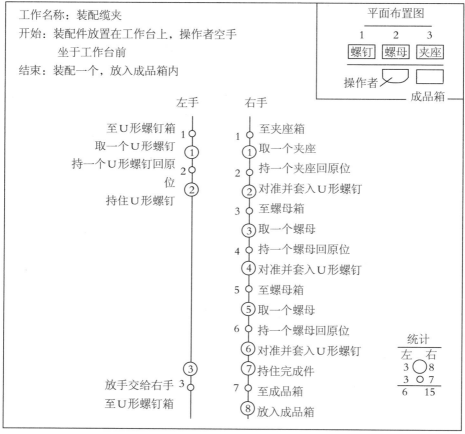

图14-19　双手操作程序图

表14-30　双手操作分析使用的符号

符号	名称	内容
○	作业	双手施予制品以某种变化的过程，即握取、放置、使用、放手的动作

续表

符号	名称	内容
⇨	移动	为了移动物品，或者为了手能够摸得着物品，手从某处移动至另一处，即手移动的动作
D	等待	手没有任何作业的状态，即手的延迟、停顿、待着不动 手抓住些什么，但对直接作业没有任何作用的动作也属于等待
▽	持住	为了使物品不致折断、松动，用手抓住，摁住其某一位置，保持某一姿势的状态，包括手持住工具或材料的状态

注：一般不使用"□"（检查）符号。

【实例】

以下介绍一个螺栓-垫片-螺母装配过程的双手操作图，供参考。

统计：

符号	现行 左	现行 右	建议 左	建议 右	比较 左	比较 右
○	2	6				
⇨	3	4				
▽	0	0				
D	10	5				
总计/个	15	15				

过　程：螺栓螺母装配
研究编号：8
作业者：＿＿＿＿＿
分析员：＿＿＿＿＿
日　期：＿＿＿＿＿
方　法：（现行）
页　码：第1页，共1页
备　注：＿＿＿＿＿

螺栓-垫片-螺母装配过程的双手操作图

平面布置图：　　　　　螺栓　　垫片　　螺母
　　　　　　　　　　　　　　工作区
注：平面布置图展示操作对象、操作工具的布置。

左手作业	○	⇨	▽	D	○	⇨	▽	D	右手作业
左手取螺栓	○	⇨	▽	D	○	⇨	▽	D	空闲
抓住螺栓	○	⇨	▽	D	○	⇨	▽	D	空闲
将螺栓带回工作区	○	⇨	▽	D	○	⇨	▽	D	空闲
手举着螺栓	○	⇨	▽	D	○	⇨	▽	D	伸手取垫片
手举着螺栓	○	⇨	▽	D	○	⇨	▽	D	抓住垫片
手举着螺栓	○	⇨	▽	D	○	⇨	▽	D	将垫片拿回到螺栓旁
手举着螺栓	○	⇨	▽	D	○	⇨	▽	D	将垫片装在螺栓上
手举着螺栓	○	⇨	▽	D	○	⇨	▽	D	松开垫片
手举着螺栓	○	⇨	▽	D	○	⇨	▽	D	伸手取螺母
手举着螺栓	○	⇨	▽	D	○	⇨	▽	D	抓住螺母
手举着螺栓	○	⇨	▽	D	○	⇨	▽	D	将螺母拿到螺栓旁
手举着螺栓	○	⇨	▽	D	○	⇨	▽	D	将螺母拧在螺栓上
手举着螺栓	○	⇨	▽	D	○	⇨	▽	D	松开螺母
将装配好的螺栓放在一旁	○	⇨	▽	D	○	⇨	▽	D	空闲
伸手取螺栓	○	⇨	▽	D	○	⇨	▽	D	空闲

（二）双手操作程序图的分析、改善要点

双手操作程序图主要采用"5W1H"提问技术及取消、合并、重排、简化建立新方法的四大原则进行分析。

1. 分析、改善操作的要点

① 尽量减少操作中的动作。
② 排列成最佳顺序。
③ 合适时合并动作。
④ 尽可能简化各动作。
⑤ 平衡双手的动作。
⑥ 避免用手持物。
⑦ 工作设备应符合工作者的身材。

2. 采用提问技术

采用提问技术的要点如图14-20所示。

1 有无操作因下列的改变而予以剔除	2 有无"等待"因下列的改变而可以减免
（1）改变动作的顺序 （2）改变工具及设备 （3）改变工作场所的布置 （4）合并所用工具 （5）改变所用材料 （6）改变产品设计 （7）使夹具动作迅速	（1）动作的改变 （2）身体各部分动作的平衡 （3）同时以双手相对动作完成制品

3 有无动作因下列的改变而可以简化	4 运送是否因下列的改变而可以简化
（1）使用较好的工具 （2）改变杠杆机构 （3）改变物件放置地点 （4）采用较佳盛具 （5）应用惯性力 （6）工作台高度适当	（1）改变布置以缩短距离 （2）改变方向 （3）动作路线变化

图14-20 采用提问技术的要点

九、防呆法

防呆法,又称愚巧法、防错法,意即在失误发生前即加以防止的方法。这是一种在作业过程采用自动作用(动作、不动作)、报警、提醒(标示、分类)等手段,使作业人员不特别注意或不需注意也不会失误的方法。

任何工作,无论是在机械操作、产品使用上,以及文书处理上都可以应用到防呆法。

(一)防呆的基本原则

在进行"防呆法"时,有以下四个原则可供参考。

1.使作业的动作轻松

难观察、难拿、难动等作业使工作变得难做,使人变得易疲劳从而易发生失误。采用防呆法时可利用颜色区分使得容易看,或放大标示,或加上把手使得容易拿,或使用搬运器具使动作轻松,从而避免失误。

2.使作业不要技能与直觉

因为那些需要高度技能与直觉的作业容易发生失误,所以可以考虑采用夹具及工具,使之机械化,连新进人员或支持人员也能做不出错的作业(图14-21)。

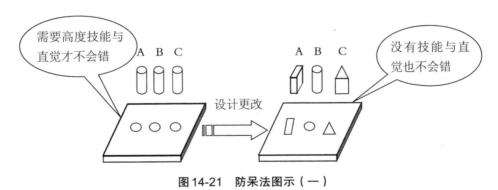

图14-21 防呆法图示(一)

3.使作业不会有危险

因不安全或不安定而可能会给人或产品带来危险时,宜采用防呆法加以改善,使之不会有危险。如果马虎去做或勉强去做而易发生危险时,则设法装设无法马虎或无法勉强去做的装置。

4.使作业不依赖感官

依赖如眼睛、耳朵、感触等感官进行作业时,容易发生失误。对于这类情况,可制作夹具或使之机械化,从而减少用人的感官来判断的作业。一定要依赖感官的作业,则应加以改善,比如,当信号灯一红即同时有声音出现,从而设法使作业人员能做两重三重的判断(图14-22)。

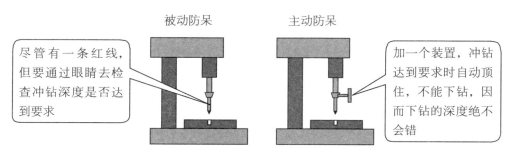

图14-22　防呆法图示(二)

(二)防呆法的应用原理

防呆法的应用原理如图14-23所示。

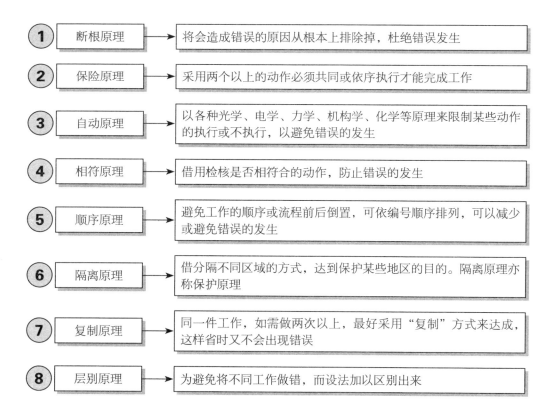

① 断根原理→将会造成错误的原因从根本上排除掉,杜绝错误发生

② 保险原理→采用两个以上的动作必须共同或依序执行才能完成工作

③ 自动原理→以各种光学、电学、力学、机构学、化学等原理来限制某些动作的执行或不执行,以避免错误的发生

④ 相符原理→借用检核是否相符合的动作,防止错误的发生

⑤ 顺序原理→避免工作的顺序或流程前后倒置,可依编号顺序排列,可以减少或避免错误的发生

⑥ 隔离原理→借分隔不同区域的方式,达到保护某些地区的目的。隔离原理亦称保护原理

⑦ 复制原理→同一件工作,如需做两次以上,最好采用"复制"方式来达成,这样省时又不会出现错误

⑧ 层别原理→为避免将不同工作做错,而设法加以区别出来

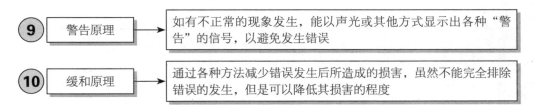

图 14-23 防呆法的应用原理

（三）防呆技术

防错法广泛应用于各行各业，如制造业的自检、互检和专检，交易过程的文件批准程序等，只是大多数组织没有有意地广泛采用，使用防错法的防呆技术水平有较大差别而已。

针对不同的过程，有不同的防呆技术，概述如下。

1.制造过程

制造过程的防呆技术有许多，具体如表14-31所示。

表14-31 制造过程的防呆技术

序号	防呆技术	说明
1	专用防错工具、仪器	专用防错工具、仪器是指采用专门防错工具、仪器、软件等来防止失误产生，如台式冲压机的双启动按钮，只有同时按下两侧按钮，冲头才会落下，按下单侧按钮，冲头不会动作，这就防止了由于作业员失误造成的人身伤害和产品缺陷
2	工序精简	工序精简是削减、简化和合并作业工序及作业步骤来达到降低失误机会的防呆技术，很多公司在大量采用此种方法
3	统计过程控制	通过统计过程控制可以实时发现过程的特殊变异，有利于尽快实施改善而将损失降至最低程度，统计过程控制是目前广范采用的防错技术之一
4	在线测试	在线测试是在作业流程中加入检验和测试工序，以实时发现缺陷、防止缺陷漏至客户或后工序的防错手段，是一直沿袭下来的最常见的防错方式之一。几乎所有制造过程均不同程度地采用在线测试方式进行质量控制
5	采用通/止/通类测量工具	通/止/通类测量工具可以迅速判断产品是否合格，与通过测量取得连续数据相比，通/止/通类测量工具效率高，成本低，判断准确，基本未增加作业员负担，这使100%检查变得轻松容易。对这类测量工具的使用价值很多公司尚未意识到

续表

序号	防呆技术	说明
6	确认批准程序	通过确认和批准，确认人和批准人可从不同角度审查作业结果，更容易发现问题，这是广为采用的防错方法之一，如公司的新产品样板在发放生产前，制作人员需将其提交高层进行确认批准，无误后方可发放，这就从一定程度上防止了失误的扩散引起的损失

2.交易过程

交易过程的防呆技术有两种，如图14-24所示。

文件的确认和批准

交易过程往往涉及各类文件，文件中的关键性失误可能导致巨大损失。如将购货合同中的购货金额栏多加一个零或少加一个零，会给买方或卖方造成很大的损失。通过文件的确认和批准程序，可有效防止合同失误

电子表格

将文件标准化并做成电子表格形式，采用菜单式对话框，日期及时间自动生成，只需填入关键数据或文字即可。这样缺陷机会大为减少，产生缺陷的概率随之减少

图14-24　交易过程的防呆技术

（四）防呆法的进行步骤

防呆法的进行步骤如图14-25所示。

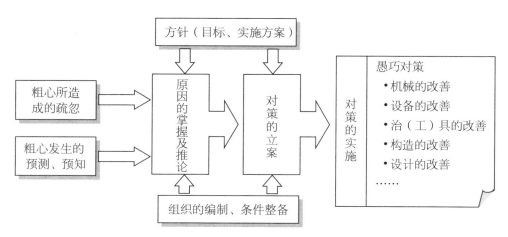

图14-25　防呆法的进行步骤

1. 发现人为疏忽

发生人为疏忽时,收集数据进行调查,重估自己的工作,找出疏忽所在。

平常就应收集如异材混入、表示失误、数量不足、零件遗忘、记入错误等的数据,加以整理即可发现问题点。通过调查情报、工程检查结果、产品检查结果的数据,掌握发生了何种问题。

2. 设定目标,制定实施计划书

具体而言,目标就是尽可能以数字表示。计划书是明示"什么""什么时候""谁""如何"进行。

【实例】

混货防错计划

1. 计划完成的事项

2020 年 9～12 月有 5 次混货,经初步调查是发生在清洗过程中。最后一次清洗混货发生时间为 2020 年 12 月 22 日。

1250-1D70003 　　　混有 WPUN62D220 　　　167PCS
1209-1D60002A 　　　混有 WPUN62D220 　　　15PCS

备注:这里 PCS 是数量词"件"的意思。

2. 要求

(1) 在清洗车间内标识清洗要求:①不允许将不同胶盆的产品放在一起清洗,每个胶盆的产品必须单独清洗;②任何装产品的工具和盛器、工作台面、设备上都不能残留产品。

(2) 对清洗的人员进行宣导。

3. 计划实施时间:2021 年 1 月 15 日。

4. 计划完成时间:2021 年 1 月 30 日。 　　　　　负责人:李××

3. 调查人为疏忽的原因

尽可能广泛地收集情报及数据,设法找出真正的原因。

4. 提出防错法的改善方案

若掌握了原因,则提出创意将其消除。提出创意的技法有脑力激荡法、检核表法、5W2H 法、KJ 法等。

5.实施改善

有只在自己的部门中进行者，有与其他部门协力进行者，有依赖其他部门进行者。

6.确认活动成果

活动后必须查核能否按照目标获得成果。

7.维持管制状态

不断地注意改善状况，若发生新问题，要能马上处理，贯彻日常的管理乃是非常重要的事情。